Reinhold Kluthe
Heinrich Kasper
Fleisch in der Ernährung

Fleisch in der Ernährung

Reinhold Kluthe
Heinrich Kasper

unter Mitwirkung von

H. F. Erbersdobler
M. Hamm
H. J. Hapke
K. O. Honikel
H. Kasper
M. Kehrbaum
R. Kluthe
O. Oster
V. Pudel
L. Quaas
H. Rottka
H. J. Teuteberg
J. H. Weisburger

1994
Georg Thieme Verlag
Stuttgart · New York

Prof. Dr. Reinhold Kluthe
Deutsche Akademie für Ernährungsmedizin
Reichsgrafenstraße 11
79102 Freiburg

Prof. Dr. Heinrich Kasper
Medizinische Universitätsklinik
Josef-Schneider-Straße 2
97080 Würzburg

Die Deutsche Bibliothek – CIP-Einheitsaufnahme

Fleisch in der Ernährung /
Reinhold Kluthe ; Heinrich Kasper.
Unter Mitw. von H. F. Erbersdobler ... – Stuttgart ; New York :
Thieme, 1994
ISBN 3-13-100791-5
NE: Kluthe, Reinhold

Wichtiger Hinweis: Wie jede Wissenschaft ist die Medizin ständigen Entwicklungen unterworfen. Forschung und klinische Erfahrung erweitern unsere Erkenntnisse, insbesondere was Behandlung und medikamentöse Therapie anbelangt. Soweit in diesem Werk eine Dosierung oder eine Applikation erwähnt wird, darf der Leser zwar darauf vertrauen, daß Autoren, Herausgeber und Verlag große Sorgfalt darauf verwandt haben, daß diese Angaben dem *Wissenstand bei Fertigstellung des Werkes* entsprechen.
Für Angaben über Dosierungsanweisungen und Applikationsformen kann vom Verlag jedoch keine Gewähr übernommen werden. Jeder Benutzer ist angehalten, durch sorgfältige Prüfung der Beipackzettel der verwendeten Präparate und gegebenenfalls nach Konsultation eines Spezialisten, festzustellen, ob die dort gegebene Empfehlung für Dosierungen oder die Beachtung von Kontraindikationen gegenüber der Angabe in diesem Buch abweicht. Eine solche Prüfung ist besonders wichtig bei selten verwendeten Präparaten oder solchen, die neu auf den Markt gebracht worden sind. Jede Dosierung oder Applikation erfolgt auf eigene Gefahr des Benutzers. Autoren und Verlag appellieren an jeden Benutzer, ihm etwa auffallende Ungenauigkeiten dem Verlag mitzuteilen.

Rüdigerstraße 14, D-70469 Stuttgart
Printed in Germany

Satz: DataSatz Roßberg, Metzingen-Neuhausen
Druck und Buchbinder: Grammlich, Pliezhausen

ISBN 3-13-1007915 1 2 3 4 5 6

Autorenverzeichnis

Prof. Dr. *H. F. Erbersdobler*
Institut für Humanernährung und
Lebensmittelkunde der
Christian-Albrechts-Univ. zu Kiel
Düsterbrooker Weg 17
24105 Kiel

Prof. Dr. troph. *M. Hamm*
Fachhochschule Hamburg
Fachbereich Ernährung und
Hauswirtschaft
Lohbrügger Kirchstraße 65
21033 Hamburg

Prof. Dr. *H.-J. Hapke*
Intitut für Pharmakologie
Tierärztl. Hochschule Hannover
Bünteweg 17
30559 Hannover

Dr. *K. O. Honikel*
Leiter des Instituts für
Chemie und Physik
Bundesanstalt für Fleischforschung
E.-C.-Baumann-Straße 20
95326 Kulmbach

Prof. Dr. *H. Kasper*
Med. Univ.-Klinik
Josef-Schneider-Straße 2
97080 Würzburg

M. Kehrbaum, Dipl. oec. troph.
Deutsche Akademie für Ernährungsmedizin
Reichsgrafenstraße 11
79102 Freiburg

Prof. Dr. *R. Kluthe*
Deutsche Akademie für Ernährungsmedizin
Reichsgrafenstraße 11
79102 Freiburg

PD Dr. *O. Oster*
Laboratorium für
Klinische Chemie und Stoffwechseldiagnostik
der Univ.-Kinderklinik
Schwanenweg 20
24105 Kiel

Prof. Dr. *V. Pudel*
Ernährungspsychologische Forschungsstelle
Universität Göttingen
von-Siebold-Straße 5
37075 Göttingen

PD Dr. *L. Quaas*
Leitender Arzt der Abt.
für Gynäkologie u. Geburtshilfe
im Ev. Diakoniekrankenhaus
Wirthstraße 11
79110 Freiburg

Prof. Dr. med. *H. Rottka*
Pharmazeutisches Institut der
Freien Universität Berlin
Sonneberger Weg 19
12209 Berlin

Prof. Dr. *H. J. Teuteberg*
Westfälische Wilhelms-Univ. Münster
Historisches Seminar
Domplatz 20–22
48143 Münster

J. H. Weisburger, Ph. D., M. D.
American Health Foundation
1 Dana Road
Valhalla, New York 10595
USA

Inhaltsverzeichnis

Vorwort

Fleisch in der Ernährung

Pro und Kontra aus ernährungsphysiologischer und -medizinischer Sicht

Die zunehmende Häufigkeit ernährungsbedingter und -abhängiger Erkrankungen hat in letzter Zeit die Ernährung zum Mittelpunkt präventiver Strategien werden lassen. Es verwundert nicht, daß dabei in erster Linie auch das seit Menschengedenken beliebte Lebensmittel Fleisch intensiv in die Diskussion miteinbezogen wurde. Daß diese in einem Land, in dem sich eine zunehmende Zahl von Bürgern über längere Zeit fleischfrei oder zumindest fleischarm ernährt, z. T. sehr kontrovers verläuft, ist durchaus verständlich.

Die aktuelle Bedeutung des Themas hat die Deutsche Akademie für Ernährungsmedizin, Freiburg, veranlaßt, sich mit dieser Fragestellung in ihrer 2. Consensuskonferenz zu befassen. Diese fand am 26. Februar 1994 im Schloß Reinach, Freiburg-Munzingen, statt. Hierbei kamen Experten in Vorträgen sowie einer ausführlichen Diskussion zu Wort.

Das vorliegende Buch enthält als Supplementum der „Aktuellen Ernährungsmedizin" die Vorträge und eine Zusammenfassung der wichtigsten Punkte der Diskussion.

Es ist ein besonderes Anliegen der wissenschaftlichen Tagungsleitung allen an der gelungenen Organisation Beteiligten, insbesondere Frau Dipl. Oecotroph. *Monika Kehrbaum*, Herrn Ernähr. Wiss. *Albrecht Gebhardt*, Herrn cand. Oecotroph. *Thomas Hermann* sowie den Sekretärinnen Frau *Renate Bogenrieder* und Frau *Ursula Stöbe* herzlich zu danken.

Ein besonderer Dank gilt der CMA für die finanzielle Unterstützung, die der Akademie sowohl die Durchführung der Tagung als auch den Abdruck des Tagungsberichtes ermöglichten.

Freiburg, Herbst 1994

Prof. Dr. *Reinhold Kluthe*, Freiburg
Prof. Dr. *Heinrich Kasper*, Würzburg

Die historische Entwicklung des Fleischkonsums in Deutschland neu bewertet

H. J. Teuteberg

Fleisch im Sinne eines Lebensmittels sind nach dem Fleischbeschaugesetz bekanntlich alle frischen und zubereiteten Teile warmblütiger Tiere, die sich für den menschlichen Verzehr eignen. Dazu gehören nicht nur Fleisch- und Wurstwaren, sondern auch alle eßbaren Innereien und die Schlachtfette (*Fuchs* 1985; *Schlampp* 1892). Bemerkenswerterweise dienen aber nicht alle im Prinzip geeigneten Tiere zum Verzehr, was mit zeitlich und regional wechselnden gesellschaftlichen Normsetzungen zusammenhängt.

Soweit man wissenschaftlich erkennen kann, hat der Fleischgenuß von den frühesten Anfängen der Menschheit an eine zentrale Rolle gespielt. Schon die Urmenschen (Hominiden) waren entgegen früheren Annahmen eindeutig Fleischfresser und keine reinen Vegetarier (*Teuteberg* 1990). In den vielen Jahrtausenden der prähistorischen Jagd- und Sammelwirtschaft, wie auch nach dem Übergang zur seßhaften Landwirtschaft seit der jüngeren Steinzeit, läßt sich nach den archäologischen Funden überall ein Konsum von animalischer Kost nachweisen. Die an das Nomadentum noch eng angrenzende ältere Feldgraswirtschaft in der germanischen Zeit hatte, wie römische Schriftsteller übereinstimmend hervorheben, eine reiche Viehhaltung. Die überlieferten Worte zeigen, daß man Pferd, Rind, Schaf, Schweine, Ziege und Gans kannte (*Heyne* 1901, S. 292). Es gibt die Hypothese, daß bei den Germanen angesichts der noch sehr niedrigen Getreideerträge ein relativ hoher Fleischverbrauch neben der Milch- und Käsenahrung bestanden haben muß.

Während das Fleisch von Pferd, Hund, Katze sowie Ratten und Mäusen aus magisch-religiösen Gründen frühzeitig tabuisiert wurde und in normalen Zeiten daher nicht zum Verzehr gelangte (*Teuteberg* 1988), stieg das Großwild wegen seiner Kostbarkeit zu einer privilegierten „Herrenspeise" auf. Das Jagdrecht blieb dann bis zu den liberalen Reformen des 19. Jahrhunderts den adlige Grundherren und Fürsten allein vorbehalten. Frühzeitig wandte man sich daneben zur Erhöhung der Fleischerzeugung der Mast zu, um das Fleisch feinfaseriger sowie fetter und damit bekömmlicher und schmackhafter zu machen. Zu einer wirtschaftlich-rationellen Methode wurde die Viehmast allerdings erst im 18. Jahrhundert, als man zur regelmäßigen Stallfütterung überging. Stopfen, Blenden und Kastrieren von Schlachttieren, deren Techniken weit zurückreichen, dienten zur Verstärkung der Mast.

Die Kostbarkeit des Fleisches in allen früheren Jahrhunderten geht auch daraus hervor, daß man beim Schlachten möglichst wenig Teile wegwarf. Während die sozialen Oberschichten den am Spieß gewendeten Braten bevorzugten, blieb das Kochfleisch eine Volksspeise. Besondere Lieblingsgerichte waren beim einfachen Volk Füße, Kehle, Zunge, Lunge und Leber sowie Herz, Nieren, Hirn und Därme. Aber auch an den vornehmen Tischen wurden die „Kutteln" (Innereien) keineswegs immer verschmäht.

Als man in der Zeit der Kreuzzüge während des Hochmittelalters in Mitteleuropa die orientalischen Gewürze erstmals genauer kennenlernte, nahm auch in Deutschland die Sitte zu, nicht nur wie früher das Salz, sondern auch schwarzen und weißen Pfeffer, Muskat, Safran und anderes zur Fleischwürze zu benutzen. Wie die ersten Kochbücher für höfische Mahlzeiten beim Übergang zur frühen Neuzeit im 16. Jahrhundert belegen, wurde den exotischen Gewürzen größte Aufmerksamkeit bei den Mahlzeiten eingeräumt, da diese vor allem zur Hebung des gesellschaftlichen Prestiges und der ständischen Abgrenzung dienten (*Rumpolt* 1586; *Stopp* 1980; *Zischka* u. a. 1993; *Laurioux* 1993, S. 17).

Das Schwein übertraf alle anderen Fleischtiere an Nutzbarkeit, da hier neben dem Fleisch auch alle anderen Weichteile, die Schwarte und selbst Blut und Borsten noch verarbeitet werden konnten. Kleingehacktes Schweinefleisch bildete die Grundlage fast aller Würste, bei denen Hirn-, Blut-, Leber- und Bratwürste (Fleischwürste) vorherrschten. Viele städtische Mandate gegen die Verfälschung der Würste zeigen, daß oftmals betrügerisch minderwertiges Fleisch (z. B. Rindsleber) beigemengt wurde. Im einfachen Haushalt preßte man z. B. Schweineschwarte mit Blut zusammen in einen Schweinsmagen oder in ein Leinensäckchen und kochte dies alles oft mit Mehl oder Grütze vermischt zusammen auf.

Ob man im 15./16. Jahrhundert im Heiligen Römischen Reich Deutscher Nation bereits 100 kg Fleisch pro Kopf und Jahr verzehrte, wie die ältere Forschung seit der Mitte des vorigen Jahrhunderts mehrfach behauptete, ist heute umstritten (*Roscher* 1859; *Schmoller* 1871; *Abel* 1937, S. 413 ff, *Bark* 1927; *Wiegelmann* 1967, S. 30; *Teuteberg* 1979). Dies hätte für eine dreiköpfige Familie 822 g oder mehr als ein halbes Pfund pro Tag und Person bedeutet. Das muß als eine überaus gewaltige Menge bezeichnet werden, da 1993 in der Bundesrepublik nur 62,9 kg im Durchschnitt verzehrt wurden. Allerdings sind hier die Knochen und andere nicht verwertbare Teile wie Sehnen, Abschnittfette und Anteile, die als Tierfutter dienen, abgerechnet worden, die in den älteren Schätzungen noch enthalten sind.

Noch größer wird der Unterschied, wenn man diesen vermuteten hohen spätmittelalterlichen Konsum mit der Hungerszeit nach dem Ende der Napoleonischen Kriege in Beziehung setzt. Wahrscheinlich wäre dann 1816 auf dem Gebiet des späteren Deutschen Reiches etwa siebenmal weniger Fleisch konsumiert worden als im Spätmittelalter (*Abel* 1937, S. 319 ff; *Abel* 1966). Heute wird die These vom hohen Fleischverbrauch im Mittelalter mit Hinweisen auf die engen Grenzen der damaligen Viehhaltung, den fehlenden Futtermittelanbau, die mangelnde Kaufkraft für teures Importfleisch (Schlachtochsenhandel) und den ständigen Wechsel von Fest- und Fastenspeisen, unterbrochen von zahlreichen Hungersnöten, angezweifelt, die eine solche Durchschnittsberechnung unmöglich machen.

Wie unglaubhaft die These vom durchschnittlich hohen Fleischkonsum von 100 kg pro Kopf und Jahr ist, hat der Leipziger Historiker *Manfred Straube* vor einiger Zeit anhand neuer Quellenforschungen gezeigt: Eine fünfköpfige Familie, die damals etwa die Norm darstellte, hätte danach 500 kg Fleisch per anno verbraucht (*Straube* 1987, S. 581). Da das Schlachtgewicht eines auf dem Viehmarkt gekauften Rindes (Viehmarkt Buttstädt 1622) rund 187 kg betrug, hätte diese Familie jährlich 2–3 Rinder schlachten müssen. Bei einer Stadt von 5000 Einwohnern (Wittenberg um 1550) wären dann ungefähr 2500 Rinder verzehrt worden. Bei einem Eigenbestand in der Stadt von 562 Rindern und 27 Kälbern hätten etwa 2000 Rinder zusätzlich auf dem Markt noch eingekauft werden müssen. Die Schweine, die vornehmlich auf die Waldmast angewiesen waren, sowie die Schafe, die vor allem der Wollproduktion dienten, waren gerade in den Städten weniger vertreten als auf dem Lande und konnten daher das fehlende Rindfleisch keinesfalls voll ersetzen. Auch die Auswertungen von vereinzelten Haushalts- und Küchenrechnungen lassen vermuten, daß der Durchschnittskonsum im Spätmittelalter höchstens 50 kg betragen hat, was wahrscheinlich aber auch noch zu hoch ist. Auch Lohn- und Preisberechnungen bestätigen, daß Fleisch für den weitaus größten Teil der Bevölkerung kein Grundnahrungsmittel, sondern nur eine vereinzelte Beigabe gewesen ist (*Westermann* 1979, *Dirlmeier* 1978, *Kiss* 1979).

Man schließt nicht aus, daß insbesondere an den hohen Festtagen in wohlhabenden Reichsstädten und auf ländlichen Herrensitzen besonders viel Fleisch gegessen wurde. Aber auf diese kurzen Zeiten der Völlerei kamen nach Ansicht der Kritiker lange Zeiten des völligen Fleischmangels. Das niedere Volk habe in der Regel mehr von Getreidebrei, Brot und Hülsenfrüchten und wenigen Gemüsesorten gelebt. Die auf manchen zeitgenössischen Bildern gezeigten großen Gastmähler mit ihren vielen Fleischgerichten spiegeln jedenfalls nicht die Realität, sondern nur Ausnahmesituationen wider, weshalb sie ja auch für die Nachwelt festgehalten wurden. Die kurzfristig alle paar Jahre wiederkehrenden Lebensmittelkrisen und Hungersnöte müssen solchen Schlemmereien schnell ein Ende gesetzt haben.

Wahrscheinlicher ist, daß nur zur „Schlachtezeit" zwischen Michaelis und Weihnachten tüchtig geschmaust wurde, während im ganzen übrigen Jahr Frischfleisch Mangelware blieb.

Bis zum Aufkommen des modernen Futtermittelanbaus und der Intensivierung der Weidewirtschaft hatten die meisten Bauern sowieso große Mühe, ihr Vieh im Winter durchzufüttern. Ein bestimmter Teil davon mußte daher regelmäßig im Spätherbst geschlachtet und eingepökelt oder geräuchert werden. Im Frühjahr war das restliche Vieh wegen der mageren Stallfütterung manchmal so kraftlos, daß es an dem Schwanz auf die nächste Weide gezogen wurde, weil es nicht mehr aus eigener Kraft gehen konnte. Deshalb nannte man es auch das „Schwanzvieh“, das zunächst einen sehr schlechten Fleisch- und Milchertrag hatte.

Wenngleich man mangels zeitgenössischer Quellen den durchschnittlichen Fleischverzehr schlecht quantifizieren kann, so läßt sich doch vermuten, daß bis zum 16. Jahrhundert das Fleisch ein wichtiges, jedoch relativ teures Nahrungsmittel gewesen ist. Das Fleisch spielte freilich manchmal eine größere Rolle als in späteren Jahrhunderten, weil viele andere Lebensmittel noch nicht zur Verfügung standen; z. B. drang die Kartoffel erst allmählich seit dem späten 17. und besonders seit dem 18. Jahrhundert erstmals in die Volkskost ein, um dann erst im frühen 19. Jahrhundert zum wichtigsten Rückgrat der Volksernährung neben dem Brot zu werden. Das Fleischessen war in allen diesen Jahrhunderten bis zum Beginn der Industrialisierung auf jeden Fall unregelmäßig auf die Woche und das Jahr sowie die guten und schlechten Zeiten verteilt, wobei an die vielen Fastenzeiten zu denken ist. Ein kontinuierlich und qualitativ gleichbleibendes Angebot von frischem Fleisch konnte es angesichts der schlechten Transport- und Konservierungsmöglichkeiten nicht geben. Ländliche wie städtische Unterschichten blieben aus Preisgründen meist auf die minderwertigen Teile des Schlachtviehs angewiesen. Das Fleisch kam bis auf die kurze Zeit des „Schlachtefestes“ meist nur in geräucherter, getrockneter oder gesalzener Form auf den Tisch, weshalb Wurst, Schinken und Speck mengenmäßig bei weitem dominierten.

Die Forschung ist sich einig, daß die Vieh- und Fleischpreise seit dem 16. Jahrhundert in größeren Städten und dichter besiedelten Regionen stark anzogen und der Fleischkonsum in den nachfolgenden Jahrhunderten tendenziell zurückging. Man spricht daher von einer Phase der „Depekorierung“ oder „Entfleischlichung“ der Kost. Dies war aber kein Schrumpfen der Gesamtnachfrage, sondern eine Folge der mancherorts stark wachsenden Bevölkerung, der die Viehproduktion nicht schnell genug folgen konnte. Der zunehmende Getreideanbau engte den bebaubaren Boden und damit auch die Weideflächen ein. Die Diskrepanz zwischen der landwirtschaftlich nutzbaren Fläche und der wachsenden Bevölkerung wurde dann immer größer. Mißernten, lokale Fehden, Kriege und Viehseuchen trugen dazu bei, den bestehenden Nahrungsspielraum immer mehr einzuengen. Teile der animalischen Kost wurden deshalb immer mehr durch vegetabilische substitutiert.

Das Überwiegen der Mehlspeisen in Süddeutschland hängt z. B. damit zusammen, daß sich hier zuerst die tendenzielle Fleischverknappung bemerkbar machte. Seit dem 17. Jahrhundert vermehrten sich darum dort die Arten der Mehlspeisen drastisch (*Wiegelmann* 1967, S. 37 und S. 39).

In Norddeutschland nahm die Viehzucht dagegen wegen der steigenden Fleischpreise und der geringeren Bevölkerungsdichte zunächst noch einen Aufschwung im 16. Jahrhundert und brachte den Bauern und Viehhändlern steigende Gewinne (*Wiese / Bölts* 1966, S. 104 ff und S. 233 ff), ehe dann aber auch dort der Fleischverzehr abnahm.

Der durchschnittliche Fleischkonsum war am Beginn des 19. Jahrhunderts, darüber herrscht jetzt Konsens, offenbar auf einem Tiefpunkt angelangt. In der Kost von Armenhäusern, die damals die unterste Grenze des Lebensstandards bezeichneten, finden sich zwischen 1790 und 1850 überhaupt keine animalischen Bestandteile (*Teuteberg / Wiegelmann* 1972, S. 147 – 162; *Teuteberg* 1993). Wir können annehmen, daß sich die Masse der pauperisierten ländlichen Bevölkerung am Vorabend der Industrialisierung hauptsächlich von Getreidebreien, Brot, Kartoffeln, Hülsenfrüchten, Kohl und Rüben ernährte und Fleisch höchstens einmal wöchentlich, d. h. nur an Sonn- und hohen Feiertagen, zu sich nahm.

Seit der Mitte des vorigen Jahrhunderts erfolgte dann nach dem Ende der Agrarreformen und mit dem endgültigen Einsetzen der Industrialisierung sowie Verstädterung ein sich ständig beschleunigender Anstieg des durchschnittlichen Fleischverzehrs in Deutschland wie in den anderen vergleichbaren Industriestaaten.

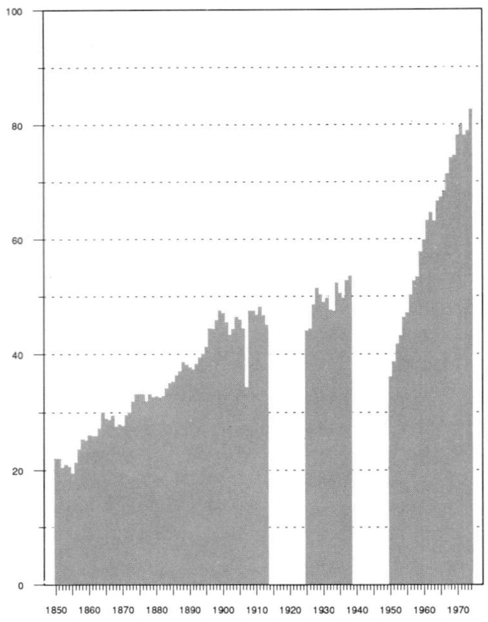

Abb. 1 Verzehr von Fleisch insgesamt 1850–1975 in kg pro Kopf und Jahr.

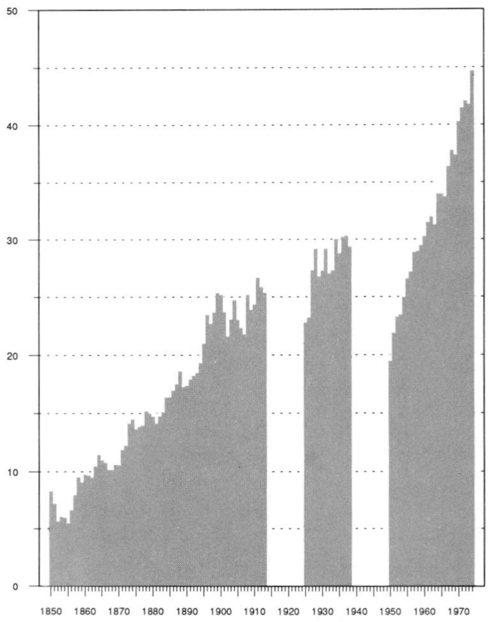

Abb. 2 Der Verzehr von Schweinefleisch 1850–1975 in kg pro Kopf und Jahr.

Nur die beiden Weltkriege in diesem Jahrhundert mit ihren anschließenden Notzeiten haben den jährlichen Pro-Kopf-Verzehr zeitweise noch einmal kurz absinken lassen. Wie die Abb. **1** zeigt, aß man um 1900 schon doppelt soviel Fleisch wie um 1850, und 1911 wurde soviel Fleisch wie 1955 gegessen. Der Durchschnittskonsum stieg von 13,7 kg (1816) auf 22,0 kg (1850) und dann auf 47 kg (1900) und schließlich auf 82,5 kg (1975), die nicht verwertbaren Teile immer eingerechnet. Da die Oberschichten schon immer mehr gegessen haben, so ist dieser gewaltige Anstieg nur durch den Übergang zum Massenkonsum erklärbar.

Dieser in der Geschichte wohl einmalige Anstieg des durchschnittlichen Fleischverzehrs brachte eine charakteristische Verschiebung innerhalb der verzehrten Fleischsorten. Am auffälligsten ist dabei der Anstieg des Schweinefleischkonsums (Abb. **2**). Dieser betrug 1850 nur 6,5 kg pro Kopf und Jahr und stieg bis 1910 / 13 auf 25,5 kg, was eine Vervierfachung bedeutet. Zugleich kletterte der Schweinefleischkonsum im Rahmen des Gesamtfleischkonsums von 35 v. H. auf 60 v. H. Der Verzehr lag 1993 bei 39,3 kg (ohne nicht verwertbare Anteile). Der Rindfleischverzehr wuchs in der gleichen Zeit von 7 kg 1850/55 auf 15 kg 1905/09 pro Kopf und Jahr, also nur um das Doppelte (Abb. **3**). Er beträgt jetzt (diesmal ohne Knochen) 12,6 kg. Kalb- und Hammelfleisch gingen in dieser Phase sogar tendenziell zurück (Abb. **4** u. **5**). Heute werden nur noch 0,7 kg Schaf- und Ziegenfleisch sowie 0,6 kg Kalbfleisch in der Bundesrepublik gegessen. Alles dies kann als ein Beleg angesehen werden, daß der Übergang zum modernen Industriezeitalter mit einem wesentlichen Anstieg des Fleischverzehrs gekoppelt war, an dem die breiten Bevölkerungsschichten partizipierten.

Für diesen ununterbrochenen Siegeszug des Schweinefleisches scheinen folgende Gründe maßgeblich gewesen zu sein: Es hatte einen relativ höheren Kaloriengehalt als die anderen Fleischsorten und bot bei der Zubereitung mehr Verwendungsmöglichkeiten. Es ließ sich ferner schneller zubereiten und war als Hauptmahlzeit ergiebig. Das Schwein konnte auch in kleineren Haushalten nur mit Küchenabfällen und selbst angebauten Kartoffeln ohne Weidegang großgezogen werden und war, wie gesagt, bis auf den letzten Rest verwertbar. Schließlich ging die Aufzucht wesentlich schneller. Der Übergang zum vermehrten Schweinefleisch-

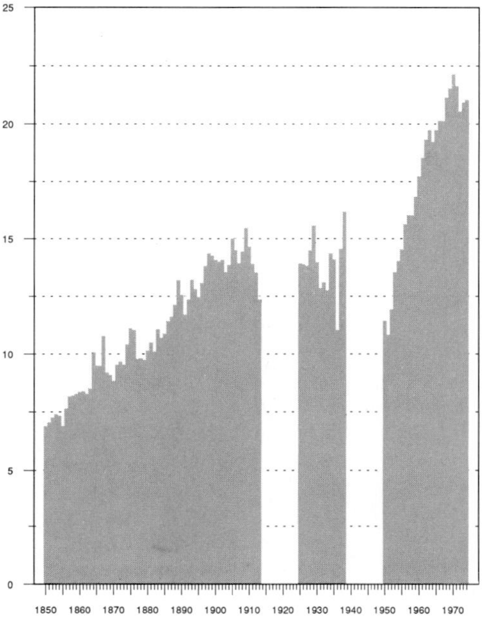

Abb. 3 Der Verzehr von Rindfleisch 1850–1975 in kg pro Kopf und Jahr.

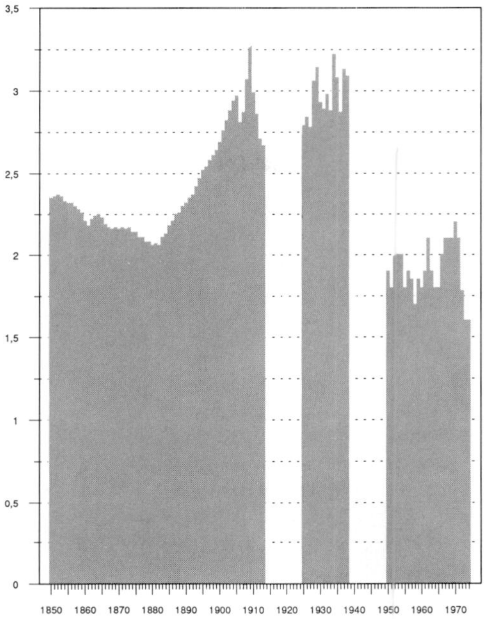

Abb. 4 Der Verzehr von Kalbfleisch 1850–1975 in kg pro Kopf und Jahr.

verzehr bedeutete daher eine wichtige Stufe in der Rationalisierung der menschlichen Ernährung.

Natürlich blieben noch lange starke regionale und soziale Unterschiede bei dem Fleischverzehr bestehen. So wurde in den Städten anfangs sehr viel mehr Fleisch als auf dem Lande verzehrt, was mit dem starken Lebensstandardgefälle zu tun hatte. Für Fleisch erzielte der Bauer stets höhere Preise auf dem städtischen Markt als für agrarische Produkte. Wie die überlieferten städtischen Haushaltsrechnungen aus Arbeiterfamilien um 1900 zeigen, verzehrte man aus preislichen Gründen dort die billigsten Fleischteile wie Bauch, Haxe, Rippe und Innereien (Abb. **6** u. **7**).

Besonders interessant ist der rasche Anstieg des Geflügelfleischverzehrs seit dem 2. Weltkrieg: Aus dem seltenen Festtagsbraten wurde infolge Großtierhaltung, Mechanisierung, Automatisierung und Gefriertechnik ein Alltagsprodukt. Rasch sinkende Gestehungskosten stießen mit einer explodierenden Nachfrage hier zusammen. Der Anstieg dieser Konsumkurve übertrifft sogar noch das Wachstum des Schweinefleischverzehrs und kann als eine weitere Revolutionierung der Nahrungsgewohnheiten angesehen werden (Abb. **8**).

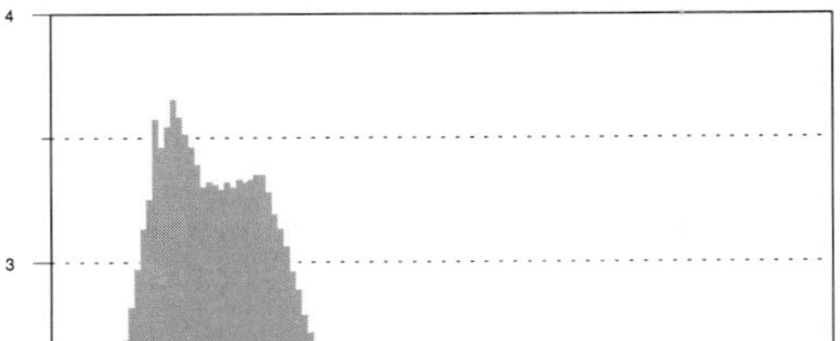

Abb. 5 Der Verzehr von Schaf- und Ziegenfleisch 1850–1975 in kg pro Kopf und Jahr.

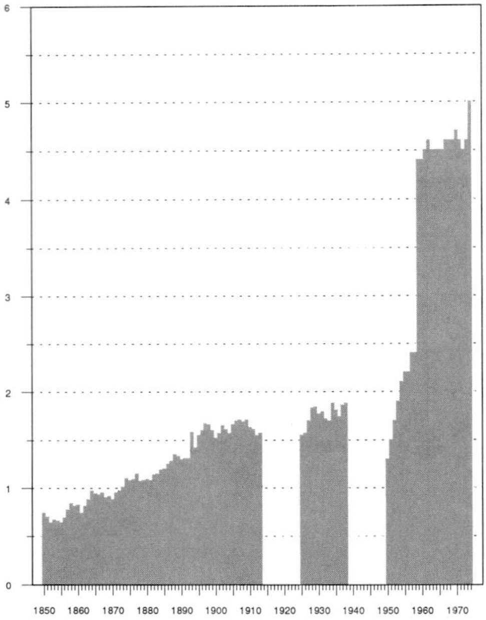

Abb. 6 Der Verzehr von Innereien 1850–1975 in kg pro Kopf und Jahr.

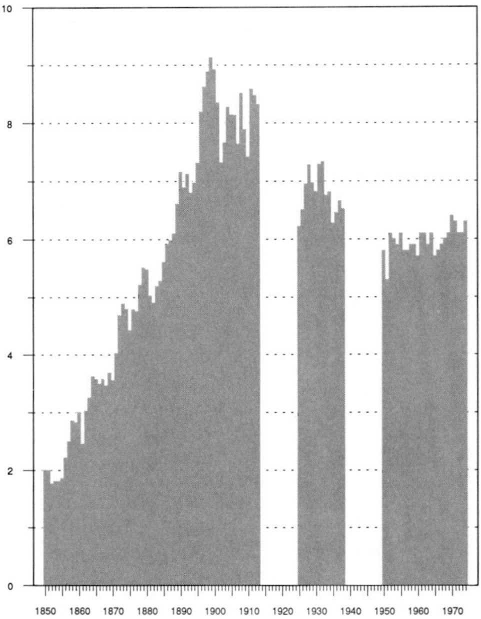

Abb. 7 Verzehr von Schlachtfetten 1850–1975 in kg pro Kopf und Jahr.

Wie die relativ wohlhabende Stadt Leipzig zeigt, betrug dort der Fleischkonsum schon zu Beginn des 19. Jahrhunderts 61,6 kg pro Kopf und Jahr und war damit fast so hoch wie heute in der Bundesrepublik. Man kann daraus folgern, daß nach der Grenznutzentheorie der Fleischverzehr bei den vermögenden Oberschichtenhaushalten relativ konstant geblieben ist. Die Mittelschichten hatten dann sicher mehr und eher Anteil an dem steigenden Fleischkonsum als die Unterschichten. Die Verlagerung vom teuren Rind- auf das billigere Schweinefleisch ist nach Meinung einiger Autoren aber ein Indiz dafür, daß am Ende die Haushaltung des „kleinen Mannes" am meisten von dem Konsumanstieg profitierte (*Schmoller* 1871, S. 240 f; *Martin* 1895, S. 117; *Hanssen* 1872, S. 39 f; *Apelt* 1898, S. 46).

Aus den Arbeiterhaushaltsrechnungen um 1900 sieht man ferner, daß die am höchsten entlohnten Arbeiter, Angestellten und kleinen Beamten etwa doppelt oder sogar dreimal mehr Fleisch aßen als die am niedrigsten entlohnten. Der Fleischverbrauch ist also bis zum Beginn der heutigen Wohlstandsgesellschaft um 1960 ein hervorragendes Indiz für die Lebensstandardmessung und zeigt, daß die Menschen im-

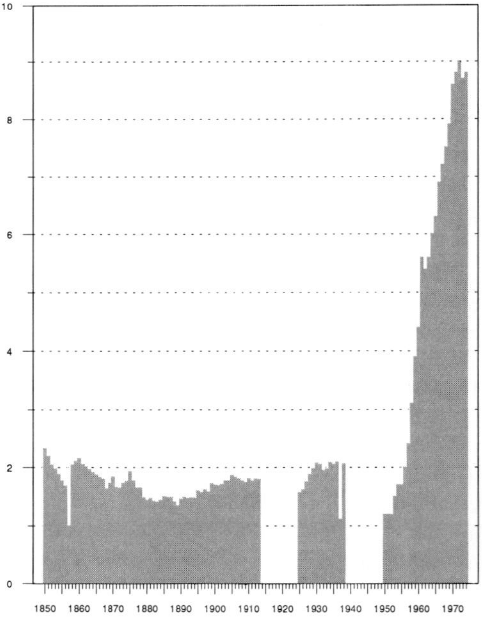

Abb. 8 Der Verzehr von Geflügel 1850–1975 in kg pro Kopf und Jahr.

	Rinder	Kälber	Schweine	Schafe u. Ziegen
Viehbestand Dezember 1992 (in 1000 Stück)	16 207,3		25 514,4	2 386,0
Netto-Eigenerzeugung 1992 (Schlachtungen inländ. Tiere, in 1000 Stück)	5 590,8	525,0	38 889,3	1 980,2
Verkaufserlöse der Landwirtschaft 1992 (in Mio. DM)	9 718	644	11 928	228

Tab. 1 Viehbestand, Schlachtungen und Viehverkaufserlöse in 1000 Stück und Mio. DM.

mer zum Fleisch hinstrebten, wenn es die finanziellen Mittel erlaubten.

Die Fleischversorgung geschah jahrhundertelang in Form der Hausschlachterei; nur in den zahlenmäßig noch sehr kleinen Städten bildete sich seit dem 13. Jahrhundert ergänzend dazu das zünftige Fleischerhandwerk aus (*Potthoff* 1927; *Adler* 1900; *Lerner* 1975; *Salvetti* 1988). Erst nach der Einführung der liberalen Gewerbefreiheit im 19. Jahrhundert dehnte sich der selbständige Fleischerberuf auch auf dem platten Lande mehr aus und nahm in den Städten stark zu, als durch die Urbanisierung die Zahl der sich selbst versorgenden Haushalte immer mehr abnahm.

Das Fleischergewerbe vermehrte sich von 81 713 Betrieben 1882 auf 110 007 im Jahre 1907, um sich dann nach dem Ersten Weltkrieg 1925 wieder auf 89 913 zu konzentrieren, wobei aber die Zahl der Beschäftigten in diesem Zeitraum sich mehr als verdoppelte. Transporte auf der Eisenbahn, große Viehmärkte, verbunden mit kommunalen Schlachthöfen, die seit 1900 staatlich einheitlich veterinär-polizeilich überwacht wurden (*Burgholz* 1987; *Mohrmann* 1991), sowie die neue Gefriertechnik und ein Fleischgroßhandel gestalteten zusammen mit neuen Fleischereimaschinen die Fleischverarbeitung um. Insgesamt betrug die Zahl der Fleischereien 2,5 v. H. aller Gewerbebetriebe im Deutschen Reich (*Heckhausen* 1933, S. 22–256). Die meist aus dem Handwerk, aber auch dem Versandhandel sowie den Gemüsekonservenfabriken nach amerikanischem Vorbild entstehenden Fleischfabriken wuchsen zwar von 27 (1882) auf 276 (1925) Unternehmen und damit um das Zehnfache in kurzer Zeit an, doch machten sie stets nicht einmal ein halbes Prozent des gesamten Fleischergewerbes aus (*Heckhausen* 1933; *Rebettge* 1923; *Hanfland* 1929; *Unger* 1930; *Mencken* 1904; *Gerlach* 1909).

Die neue industrielle Fleischverarbeitung konzentrierte sich auf die drei Regionen Westfalen, Braunschweig und Thüringen sowie die Großstädte Hamburg und Berlin, was bis zur Gegenwart prägend geblieben ist. Bei diesen Wurstfabriken, Räucheranstalten und Fleischdosenfabriken dominierte mit Abstand Westfalen, während Berlin die größte Zahl aller Fleischereien aufwies und den größten Fleischmarkt Deutschlands bildete (*Rothe* 1902).

Wie stellt sich nun im Vergleich der Fleischverzehr in der Gegenwart dar?[1] Nach Angaben aus verschiedenen Quellen gab es 1992 rd. 470 000 landwirtschaftliche Betriebe, die aus ihrer Viehhaltung einen Umsatz von 36,4 Mrd. DM erwirtschafteten. Weiter aufgegliedert ergibt sich zunächst folgende Erzeugerstatistik (Tab. **1**).

Daneben existierten 2900 gewerblich schlachtende Betriebe, die rd. 11 Mrd. DM Gesamtumsatz machten. Die Mehrheit der Schlachtbetriebe (Schlachthöfe, Versandschlachtereien, selbstschlachtende Fleischereien, Fleischgroßmärkte) gehört in die Kategorie der Kleinbetriebe mit nicht mehr als 5 Mio. DM Umatz pro Jahr. Nur zehn Unternehmen setzten 250 Mio. DM und mehr im Jahr um. Der Fleischanfall gliederte sich 1992 wie folgt auf (Tab. **2**).

[1] Die nachfolgenden Daten wurden aus 19 verschiedenen, z. T. ungedruckten verbandsinternen Quellen von der Verlagsgruppe Deutscher Fachverlag Marketing in Frankfurt a. M. zusammengestellt. Vgl. afz – Allgemeine Fleischerzeitung.

Tab. 2 Fleischanfall in Deutschland 1992 in t.

Schweinefleisch	3 683 700
Rindfleisch	1 760 700
Geflügel	588 000
Innereien	424 300
Kalbfleisch	68 000
Schaf-/Ziegen-/Pferdefleisch	48 400
sonstiges Fleisch	98 800

Die Fleisch verarbeitende Industrie zählte im gleichen Jahr 281 Betriebe mit 15,8 Mrd. DM Umsatz, was folgendes statistisches Bild ergibt (Tab. **3**).

Daneben gab es 100 regionale Fleischereigenossenschaften bzw. angeschlossene Fleischereigroßhandlungen (75 in den alten und 25 in den neuen Bundesländern) mit 2,3 Mrd. DM sowie eine Zentralgenossenschaft des deutschen Fleischerhandwerks mit 0,5 Mrd. DM Umsatz. Die Struktur des deutschen Fleischerhandwerks sah wie folgt aus (Tab. **4**).

Die 26 900 Fleischer-Fachgeschäfte bestanden aus 35 500 fleischerhandwerklichen Verkaufsläden, 27 700 Fleischereien mit einem gleichzeitigen Imbißangebot, 21 550 Betrieben, die gleichzeitig einen Platten- und Party-Service bieten. 5400 Unternehmen lieferten nur an Großverbraucher und 2500 waren als „mobile Verkaufsstellen", d. h. in der Regel als Marktbuden und ähnliches, deklariert.

Ein nicht geringer Teil des geschlachteten Fleisches wurde direkt an Großverbraucher geliefert, nämlich an 225 000 gastronomische Betriebe (10 Mio. warme Essen täglich), 2200 Betriebskantinen (7 Mio. warme Essen täglich) und 15 000 Anstaltsküchen, nämlich Krankenhäuser, Altersheime, Mensen usw. (4 Mio. warme Essen täglich).

In dieser Gemeinschaftsverpflegung rangierte Fleisch ausgabenmäßig mit 56 v. H. weit an der Spitze, während Getreideerzeugnisse (14,3 v. H.), Fisch (7,2 v. H.), Gemüse (4,7 v. H.), Kartoffeln (3,1 v. H.), Eier (2,9 v. H.) und Backwaren (1,6 v. H.) weit dahinter zurückblieben. Bei den verabreichten Fleisch- und Wurstwaren in Schulen ergab sich beispielsweise folgende Rangfolge: Brühwurst 6,9 kg, Rohwurst 5,0 kg, Würstchen 3,0 kg, Kochwurst 3,7 kg, Schinken (gekocht und roh) 3,4 kg, Bratwurst 2,7 kg, Aufschnitt 2,2 kg, Speck 1,7 kg, Sülze 0,9 kg, Braten 0,3 kg und Fleischpastete 0,3 kg.

Der Bundesbürger bezieht sein Fleisch in erster Linie vom Lebensmitteleinzelhandel, der in 82 700 Betrieben (ohne Aldi-Läden) bei 192 Mrd. DM Gesamtumsatz 35,7 Mrd. DM Umsatz aus dem Fleisch- und Fleischwarenverkauf erzielte. Wo man in den alten und neuen Bundesländern Fleisch und Fleischwaren einkaufte, läßt sich an der nachfolgenden Aufstellung erkennen (Tab. **5**).

Schließlich ist anzuführen, daß in 37,7 Mio. Privathaushalten der Bundesrepublik – wie schon früher erwähnt – 62,9 kg Fleisch und Fleischwaren im Jahr 1993 pro Kopf verzehrt wurden. Den monatlichen Ausgaben dafür stellten sich in einem durchschnittlichen Fami-

Tab. 3 Die Fleischwarenindustrie nach Umsatz und Produktion (Fleischwaren und Konserven) 1992.

Aufteilung der Betriebe nach Umsatzgrößenklassen		
bis unter	5 Mio DM Umsatz	29 Unternehmen
5 Mio DM bis unter	10 Mio DM Umsatz	44 Unternehmen
10 Mio DM bis unter	25 Mio DM Umsatz	74 Unternehmen
25 Mio DM bis unter	50 Mio DM Umsatz	51 Unternehmen
50 Mio DM bis unter	100 Mio DM Umsatz	49 Unternehmen
100 Mio DM und mehr		34 Unternehmen

Produktion von Fleischwaren und Konserven in t			
Fleischwaren insges.	1 359 448	492 751	Konserven insges.
Wurstwaren insges.	997 739	156 101	Wurstkonserven
Rohwürste	334 540		sonst. Fleisch-
Brühwürste	472 684	68 599	konserven
Kochwürste	190 515		
			Mischkonserven
and. Wurstwaren insg.	361 709	263 421	mit Fleischanteil
Schinken u. ger. Speck	187 055		
sonst. Fleischwaren	174 654	4 630	Geflügelkonserven

	alte Bundesländer	neue Bundesländer	gesamte Bundesrep.
Fleischereibetriebe	23 500	3 400	26 900
Filialen	7 500	1 100	8 600
Beschäftigte	186 400	24 000	210 400
Beschäftigte pro Betrieb	7,9	7,1	15,0
Gesamtumsatz (Mrd. DM)	36,3	2,8	39,1
davon Handwerksumsatz	30,9	2,4	33,3
Handelswarenumsatz	5,4	0,4	5,8
Umsatz pro Betrieb (Mio. DM)	1,5	0,8	2,3

Tab. 4 Struktur des deutschen Fleischerhandwerks 1992.

	Fleisch		Fleischwaren	
	alte Bundesländer	neue Bundesländer	alte Bundesländer	neue Bundesländer
Fleischfachgeschäfte*	28	45	31	35
Verbrauchermärkte	39	19	24	18
Discounter (ohne Aldi)	4	3	8	12
Aldi	–	–	16	6
Supermarkt/ Lebensmittel-Einzelhandel	19	24	15	20
Sonstige	10	9	6	9

* Berücksichtigt wurde nur der Thekenumsatz. Ohne Lieferungen an den Handel und an Großverbraucher, ohne Party- und Plattenservice und ohne Filialen der Fleischerfachgeschäfte in verschiedenen Einkaufsstätten

Tab. 5 Bezugsorte von Fleisch und Fleischwaren in den alten und neuen Bundesländern 1992 in v. H.

lienhaushalt im Vergleich zum gesamten Privatverbrauch und den Ausgaben für Nahrungs- und Genußmittel wie folgt dar (Tab. **6**).

Aus diesen Zahlen kann der Historiker ablesen, daß sich die Haushaltsausgaben für die Lebensmittel im Laufe der Industrialisierung drastisch verringert haben. Je nach Familiengröße und Einkommen schwankten nämlich die Nahrungsmittelausgaben bis zur Mitte des vorigen Jahrhunderts stets zwischen 50–80 v.H. der Gesamtausgaben. Wie eine Berechnung für 44 Haushalte in sieben deutschen Großstädten und einigen ländlichen Regionen um 1900 belegt, mußten auf dem ersten Höhepunkt der Industrialisierung im Durchschnitt immer noch 51,75 v.H. des Familieneinkommens für das tägliche Essen und Trinken (ohne Genußmittel) ausgegeben werden (*Teuteberg* 1976, S. 225). 25–30 v.H. aller Ernährungsausgaben betrafen davon Fleisch und Wurst, heute sind es dagegen nur noch etwas mehr als 5 v.H. Das Fleisch ist damit von einer relativ teuren zu einer relativ billigen Alltagsspeise geworden. Die moderne rationelle Landwirtschaft hat im Verein mit neuen Verarbeitungs- und Konservierungsmethoden zu dieser in der Geschichte einmaligen Preisreduktion beigetragen.

Insgesamt läßt sich anhand der ernährungsgeschichtlichen Forschung feststellen, daß sich im Laufe der Industrialisierung innerhalb der letzten zweihundert Jahre ein Übergang von der vorwiegend vegetabilischen zur primär animalisch bestimmten Kost in Deutschland vollzogen hat (Abb. **9**, **10**), d.h. von den ballastreichen, schwerer verdaulichen, wenig geschmacksanreizenden und kalorienarmen Nah-

	alte Bundesländer DM	v. H.	neue Bundesländer DM	v. H.
für den privaten Verbrauch	3 976,00		2 965,00	
davon für Nahrungs- und Genußmittel	893,00	22,4	781,00	26,3
für Fleisch und Fleischwaren	154,00	3,9	146,00	4,9

Tab. 6 Monatsausgaben eines Vier-Personen-Arbeitnehmer-Haushaltes für Fleisch und Fleischwaren im Vergleich zu denen für Nahrungs- und Genußmittel insgesamt und dem Gesamtprivatausgaben 1992 in den alten und neuen Bundesländern in DM 1992 und in v. H.

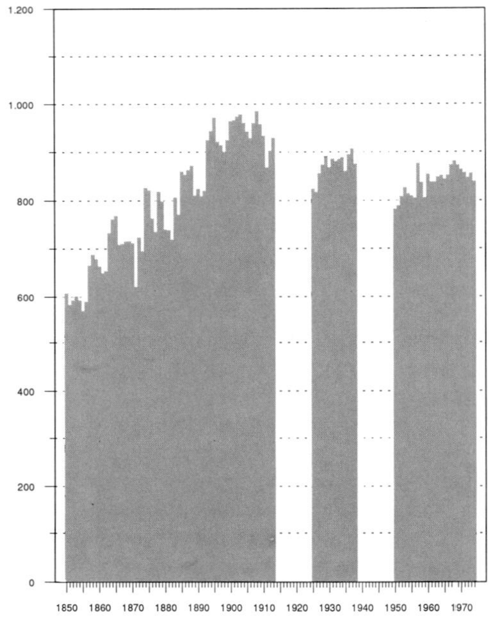

Abb. 9 Verzehr von pflanzlichen und tierischen Produkten insgesamt 1850–1975 in kg pro Kopf und Jahr.

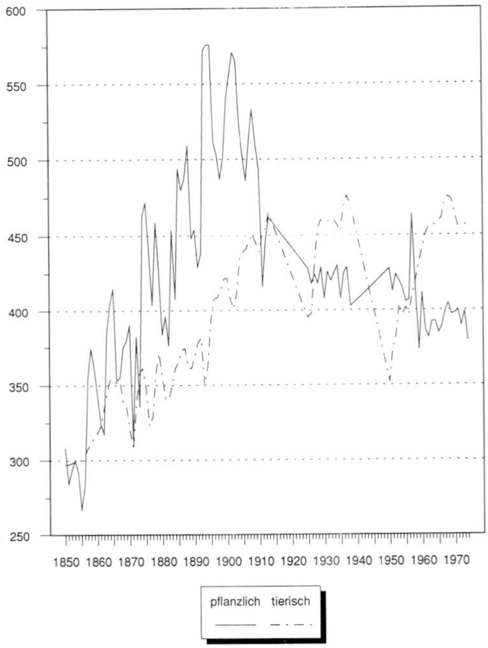

Abb. 10 Der Verzehr von pflanzlichen und tierischen Produkten 1850–1975 in kg pro Kopf und Jahr.

rungsmitteln zu den ballastärmeren, leichter digestiblen, kalorienreicheren sowie geschmackvolleren Lebensmitteln.

Diese gewaltige Umstrukturierung der Volksnahrung wird durch einen Blick in die Agrarstatistik bestätigt: Nach den Berechnungen des Statistikers *Leopold Krug* entfielen um 1800 in Preußen nur 24 v. H. des Geldwertes der gesamten Nahrungsproduktion auf Lebensmittel tierischen Ursprungs; heute sind es dagegen mehr als 70 v. H.

Weltweit ergibt sich eine interessante Analogie: Nach Schätzungen der "Food and Agriculture Organization" (FAO) der Vereinten Nationen stammten zu Beginn der 70er Jahre nur 17 v. H. der auf der Welt konsumierten Nahrungsenergie aus der tierischen, 83 v. H. aber aus der pflanzlichen Produktion. Von dem im gleichen Zeitraum verzehrten Protein waren vermutlich 64 v. H. vegetabilischer und nur 35 v. H. animalischer Herkunft. Wie früher in Deutschland hat auch heute in den Entwicklungsländern der geringe Fleischkonsum offensichtlich mit dem niedrigen Pro-Kopf-Einkommen und dem schlechten Lebensstandard zu tun: Fleisch ist bei armen Ländern eine Nahrung, die man sich nur in bescheidenem Maße

Jahr	Verbrauch Fleisch gesamt	Verbrauch Schweinefleisch	Verbrauch Rindfleisch	Verzehr[2] Fleisch gesamt	Verzehr[2] Schweinefleisch	Verzehr[2] Rindfleisch
1975/76	82,6	43,5	21,5			
1976/77	84,4	44,7	21,5			
1978[3]	97,1	55,7	21,7			
1979	98,5	56,9	22,2			
1980	100,5	58,2	22,8			
1981	98,5	57,9	21,8			
1982	97,7	57,7	21,0			
1983	98,0	58,7	20,7			
1984	99,4	59,2	20,8			
1985	101,1	60,1	21,4	67,0		
1986	102,6	61,1	21,8	68,0	43,1	14,6
1987	104,1	62,0	21,9	69,0	43,9	14,7
1988	104,6	62,2	22,0	69,4	43,8	14,8
1989	100,6	58,8	21,6	66,7	41,4	14,5
1990	102,0	60,1	21,1	65,9	40,6	14,1
1991	97,4	56,2	20,1	64,1	39,6	13,5
1992	95,6	55,7	18,7	62,9	39,3	12,5
1993[4]	95,5	56,3	18,0	62,9		

Tab. 7 Jährlicher Fleischverbrauch pro Kopf der Bevölkerung[1] (in kg) 1976–1993

[1] Verbrauchsdaten: Statistisches Jahrbuch für die Bundesrepublik Deutschland. Verzehrdaten: Zentrale Markt- und Preisberichtsstelle, Bonn (ZMP). ZMP-Bilanz Vieh und Fleisch. Die ZMP stützt sich ihrerseits wiederum auf Zahlen des Bundesministeriums für Ernährung, Landwirtschaft und Forsten (BML, Bonn) und des Bundesmarktverbandes für Vieh und Fleisch.

[2] Die Knochenteile wurden entsprechend ihrem Anfall bei jeder Fleischart abgezogen: bei Rind 15,5 %, Kalb 18 %, Schwein 12 %, Schafe/Ziegen 16 %, Geflügel 28 %. Außerdem wurde für die Hauptfleischarten ein 5 %iger Hau- und Schwundverlust und für alle Fleischarten zusammen (einschließlich Innereien, Geflügel und sonstigem Fleisch) ein 5 %iger Haushaltsverlust berechnet. Der Tiernahrungsanteil ist bei Innereien auf 60 %, bei den übrigen Fleischarten auf 8,5 % veranschlagt. Die Zahlenwerte, die auch von der nationalen Verzehrsstudie der Deutschen Gesellschaft für Ernährung bestätigt werden, wurden von der Bundesanstalt für Fleischforschung übernommen. Vgl. Deutscher Fleischerverband (Hg.): Geschäftsbericht 1992, Frankfurt am Main 1993, S. 63. Eine Berechnung der nicht verzehrbaren Anteile bei Schlachttierkörpern vor 1986 ist mangels ausreichender Daten nicht möglich und kann nur grob geschätzt werden. Da früher fast alles verzehrt wurde und Fleischabfälle nicht an Tiere verfüttert wurden, müssen die Abzüge sehr viel geringer angesetzt werden. Auf der anderen Seite waren die Knochenabfälle größer, da die Muskelfleischanteile erst durch allmähliche Zucht gesteigert wurden. Für die Berechnung aller Daten seit 1975 bin ich den Untersuchungen und Mitteilungen von Herrn Gerd Abeln verpflichtet.

[3] Der Berechnungszeitraum stimmt ab diesem Zeitpunkt mit dem Kalenderjahr überein.

[4] Aus: Pro-Kopf-Verzehr ist in diesem Jahr stabil geblieben. Erste Schätzungen der ZMP für 1993. In: Afz Nr. 98 (8. 12. 1993), S. 1.

leisten kann. Hoher Fleischkonsum ist daher ubiquitär ein Indiz der Wohlstandsgesellschaft.

Interessanterweise stagnierte der durchschnittliche Fleischverzehr in den Industriestaaten Deutschland, Frankreich, Großbritannien und Belgien trotz Steigerung des Sozialproduktes zwischen 1981 und 1991, während in den weniger entwickelten EG-Staaten Spanien, Portugal, Griechenland und Irland der Konsum von Fleisch sich zusammen mit dem Bruttosozialprodukt rasant steigerte.

Schon früher hat man sich Gedanken über einen der menschlichen Ernährung optimal angepaßten idealen Fleischverbrauch gemacht. Am Ende des vorigen Jahrhunderts sahen einige Forscher einen Verzehr von 75–100 kg pro Kopf und Jahr als eine ernährungsphysiologisch erwünschte „Vollnahrung“ an, wobei aber die Rolle des tierischen Proteins bei weitem überschätzt wurde und man noch keinerlei Kenntnis von Vitaminen und Spurenelementen besaß. Soweit sich aus der Statistik erkennen läßt, wurde dieser „Idealkonsum“ bisher niemals erreicht; und es hat auch nicht den Anschein, daß man jemals dorthin kommen wird. Weitere quantitative Steigerungen in beträchtlichem Umfang erscheinen unwahrscheinlich.

Interessanterweise hat sich das Schweinefleisch mit 39,3 kg pro Kopf und Jahr an der Spitze aller verzehrten Fleischsorten in Deutschland bis heute halten können, d.h. mehr als die Hälfte allen Fleischverbrauches wird daraus bestritten. Offenbar spiegelt die heutige Fleischkonsumstruktur die Bedürfnisse einer hoch entwickelten Wohlstandsgesellschaft wider.

Der Frischfleischverzehr in Privathaushalten in der Bundesrepublik zeigt freilich, daß ältere Hausfrauen wesentlich mehr und zwischen 40 und 60 Jahren sogar mehr als doppelt soviel Fleisch einkaufen als jüngere Frauen unter 30 Jahren; möglicherweise wird hier ein neuer Trend sichtbar.

Wachsende Einsichten in die Gefahren der „Volksseuche Übergewicht“ lassen erwarten, daß sich der Konsum von Fett und Zucker, aber auch von tierischem Eiweiß, auf längere Sicht möglicherweise reduzieren und die vegetabilische Kost wieder quantitativ an Raum gewinnen wird. Da aber der individuelle Geschmack und die rationelle Zubereitungsvielfalt das immer weiter sich ausdifferenzierende Angebot die Nahrungswahl weiterhin bestimmen werden, wird das Fleisch auch in der absehbaren Zukunft weiterhin bei der täglichen Kost eine dominierende Rolle spielen (s.a. Tab. **7**).

Literatur

Abel, W.: Wandlungen des Fleischverbrauchs und der Fleischversorgung in Deutschland seit dem ausgehenden Mittelalter. In Berichte über Landwirtschaft, Neue Folge, Bd. 22 (1937) 411–452

Abel, W.: Zur Lage der deutschen Land- und Ernährungswirtschaft um 1800. In Jahrbücher für Nationalökonomie und Statistik, Neue Folge, Bd. 175 (1963) 315 ff

Abel, W.: Agrarkrisen und Agrarkonjunktur. Eine Geschichte der Land- und Ernährungswirtschaft Mitteleuropas seit dem hohen Mittelalter. 2., neubearb. Aufl. Hamburg, 1966

Adler, G.: Fleischgewerbe. In Handwörterbuch der Staatswissenschaften, 2. Aufl., Bd. 3. Jena 1900 (1081–1094)

Bark, G.: Geschichtliche Entwicklung des Fleischkonsums und seiner Preisbildung. In *Potthoff, D. O.* (Hrsg.): Illustrierte Geschichte des deutschen Fleischerhandwerks. Berlin 1927 (420 ff)

Burgholz, D.: Die wirtschaftliche Bedeutung von Märkten und Schlachthöfen (von ca. 1850 bis zur Gegenwart). In *Pohl, H.* (Hrsg.): Kommunale Unternehmen. Geschichte und Gegenwart, Stuttgart 1987 (88–125)

Dirlmeier, U.: Untersuchungen zu Einkommensverhältnissen und Lebenshaltungskosten in oberdeutschen Städten des Spätmittelalters (Mitte 14. bis Anfang des 16. Jahrhunderts). Heidelberg 1978

Fuchs, H.: Fachlexikon für Fleischer. Fachbegriffe, Fachdefinitionen, Teilstückbezeichnungen, Sortenbezeichnungen, Maße und Gewichte. Frankfurt a.M. 1985

Gerlach, O.: Das Fleischergewerbe. In Handwörterbuch der Staatswissenschaften, 3. Aufl., Bd. 4. Jena 1909 (341–353)

Hanfland, C.: Die amerikanische Fleischindustrie. Leipzig 1929

Hanssen, G.: Über die Fleischkonsumtion in Deutschland. In J. Landwirtsch. 20 (1872) 1–51

Heckhausen, W.: Der Strukturwandel im Fleischergewerbe. Diss. rer. pol. Halle/Wittenberg. Gummersbach 1933

Heyne, M.: Das deutsche Nahrungswesen von den ältesten geschichtlichen Zeiten bis zum 16. Jahrhundert. Leipzig 1901

Kiss, I. N.: Die Bedeutung der ungarischen Viehzucht für Ungarn und Mitteleuropa vom 16. bis 18. Jahrhundert. In *Westermann, E.* (Hrsg.): Internationaler Ochsenhandel 1350–1570. Stuttgart 1979 (87 ff)

Laurioux, B.: Tafelfreuden im Mittelalter. A. d. Fr. Stuttgart 1993

Lerner, F., P. K. Steinbach: Lebendiges Fleischerhandwerk. Ein Blick in Vergangenheit und Gegenwart. Frankfurt a.M. 1975

Martin, R.: Der Fleischverbrauch im Mittelalter und in der Gegenwart. In Preußische Jahrbücher, Bd. 82, 1895 (308–342)

Mencke, K.: Der amerikanische Fleischtrust. In Preußische Jahrbücher Bd. 123. Berlin 1906 (101–122)

Mohrmann, Ruth-E.: „Blutig wol ist Dein Amt, o Schlachter...“. Zur Errichtung öffentlicher Schlachthäuser im 19. Jahrhundert. In Hessische Blätter für Volks- und Kulturforschung, N. F., Bd. 27: Mensch und Tier – kulturwissenschaftliche Aspekte einer Sozialbeziehung. 1991 (101–118)

Potthoff, O. D.: Illustrierte Geschichte des deutschen Fleischerhandwerks vom 12. Jahrhundert bis zur Gegenwart. Berlin 1927

Rebettge, B.: Die Entwicklung und Bedeutung der deutschen Fleischwarenindustrie. Diss., Halle / Saale 1932

Roscher, W.: Die Nationalökonomik des Ackerbaues und der damit verbundenen Urproduktion (1859), neu hrg. von Dade, Stuttgart 1918

Rothe, A.: Das deutsche Fleischergewerbe. Phil. Diss., Jena 1902

Rumpolt, M.: Ein new Kochbuch, Frankfurt am Main 1581. Nachdruck: München 1976

Salvetti, F., M. Bührer: Der Metzger. Eine Kulturgeschichte des Metzgerhandwerks. München 1988

Schlampp, W.: Die Fleischbeschau – Gesetzgebung in sämtlichen Bundesstaaten des Deutschen Reiches. Stuttgart 1892

Schmoller, G.: Die historische Entwicklung des Fleischkonsums sowie der Viehpreise in Deutschland. Z. ges. Staatswiss. 27 (1871) (284 – 362)

Stopp, H. (Hrsg.): Aus alten Kochbüchern des 14. bis 19. Jahrhunderts. Heidelberg 1980

Straube, M.: Nahrungsmittelbedarf, Nahrungsmittelproduktion und Nahrungsmittelhandel im thüringisch-sächsischen Raum zu Beginn des 16. Jahrhunderts. In *Ebner, H.* u. a. (Hrsg.): Festschrift, *Othmar Pickl* zum 60. Geburtstag. Graz 1987 (579 – 588)

Teuteberg, H. J.: Die Nahrung der sozialen Unterschichten im späten 19. Jahrhundert. In *Heischkel-Artelt, Edith* (Hrsg.): Ernährung und Ernährungslehre im 19. Jahrhundert. Göttingen 1976 (204 – 287)

Teuteberg, H. J., G. Wiegelmann: Der Wandel der Nahrungsgewohnheiten unter dem Einfluß der Industrialisierung. Göttingen 1972

Teuteberg, H. J.: Der Verzehr von Lebensmitteln in Deutschland pro Kopf und Jahr seit dem Beginn der Industrialisierung (1850 – 1975). In Arch. Sozialgesch. 19 (1979) (331 – 338) Neudruck in *Teuteberg, H. J., G. Wiegelmann:* Unsere tägliche Kost. Geschichte und regionale Prägung, 2. Aufl. Münster 1986 (225 – 280)

Teuteberg, H. J.: Magische, mystische und religiöse Elemente in der Nahrungskultur Mitteleuropas. In *Bringéus, Nils-Arvid* u. a. (Hrsg.): Wandel der Volkskultur in Europa, Bd. 1. Münster 1988 (351 – 373)

Teuteberg, H. J.: War der Urmensch ein Vegetarier? In Ernährung, Bd. 14 (1990) (21 – 22)

Teuteberg, H. J.: Der Wochenspeiseplan des Braunschweigerischen Armenhauses „Auf dem Klint" in Februar 1842. In *Schultz, U.* (Hrsg.): Speisen, Schlemmen, Fasten. Eine Kulturgeschichte des Essens in Europa. Frankfurt a. M. / Leipzig 1993 (299 – 313)

Westermann, E. (Hrsg.): Internationaler Ochsenhandel 1350 – 1570. Stuttgart 1979

Wiegelmann, G.: Alltags- und Festtagsspeisen. Wandel und gegenwärtige Stellung. Marburg 1967

Wiese, H., J. Bölts: Rinderhandel und Rinderhaltung im nordwestdeutschen Küstengebiet vom 15. bis 19. Jahrhundert. Stuttgart 1966

Zischka, Ulrike, H. Ottomeyer, Susanne Bäumler: Die anständige Lust: von Eßkultur und Tafelsitten. München 1993

Psychologische Aspekte des Fleischverzehrs

V. Pudel

„Wahrscheinlich ist die (die Intelligenz des Menschen) das Ergebnis eines Selektionsprozesses", vermutet der renommierte Physiker *Stephen Hawking*, „dessen Grundlage unsere Fähigkeit bildete, bestimmte Tiere für Nahrungszwecke zu töten und uns vor den Angriffen anderer Tiere zu schützen." Vegetarier sehen diesen Sachverhalt naturgemäß völlig anders. Fleisch und Fleischwaren sind in die Diskussion geraten und dies gleich auf mindestens drei Ebenen.

Ebene 1: Gesundheitliche Risiken durch die naturgegebenen Inhaltsstoffe der Fleischprodukte dominieren über mögliche Vorteile in der öffentlichen und veröffentlichten Meinung. Kurz: Fleisch ist ungesund.

Ebene 2: Fleisch und Fleischwaren werden mit einem hohen Gefährdungspotential attribuiert, das durch Rückstände und Verunreinigungen, kurz: Schadstoffe genannt, bestimmt wird.

Ebene 3: Der Verzehr tierischer Lebensmittel appelliert insbesondere in letzter Zeit an Schuldgefühle und ethische Verantwortung, nachdem dramatische Reportagen über unerträgliche Mißstände bei Tierhaltung, Tiertransport und Schlachtprozeß in der veröffentlichten Meinung multimedial verbreitet wurden.

Die Psychologie des Fleischverzehrs bietet inzwischen einen erheblichen kommunikativen Konfliktstoff, der weit über die objektivierbare ernährungsphysiologische Risiko-Nutzen-Abwägung hinausreicht. Doch die treffende Formulierung von *Alexander von Humboldt* gilt nach wie vor: *„Es sind nicht die Tatsachen, die das menschliche Verhalten beeinflussen, sondern es ist die Meinung, die sich Menschen über diese Tatsachen bilden."*

Unter der vorherrschenden, dreifachen kommunikativen Risikolast wäre zu erwarten, daß der deutsche Verbraucher seinen Fleisch- und Wurstverzehr unmittelbar einstellt und zum überzeugten Vegetarier konvertiert. Doch die Marktdaten umreißen ein ca. 1 % großes Vegetariersegment in der Verbraucherschaft der Bundesrepublik, das sich zwar etwas erweitert, doch hat kein radikaler Einstellungs- und Verhaltenswandel stattgefunden, wie er eigentlich zu erwarten wäre. Die reale Möglichkeit einer sofortigen totalen Verbraucherreaktion hat die TV-Sendung „Monitor" mit ihrem Bericht über Nematoden in Fischerzeugnissen bewiesen.

Ohne jeden Zweifel führt die gegenwärtige Kommunikation über Risiken und Ethik des Fleischverzehrs zu heftigen kognitiven Dissonanzen in der Bevölkerung, die zu ertragen nach geprüften psychologischen Theorien unerträglich ist und folgerichtig unmittelbar zu psychischen Mechanismen führen muß, die wieder eine Konsonanz erleben lassen.

Es soll versucht werden, diesen Widerspruch aufzulösen oder zumindest teilweise zu verstehen. Fleisch profitiert bis heute von seinem positiven Image, das im wesentlichen durch den Faktor der Verknappung in den vergangenen Jahrzehnten und Jahrhunderten geprägt wurde. Beispiel: *Heinrich Georg Dickreiter*, Tischler und Fabrikarbeiter (1865 – 1947) über einen Handwerksbetrieb 1914: *„Die Fleischportion fiel klein aus, die Gemüseportion dagegen sehr groß. Um 4 Uhr gabe es, gleich wie um 9 Uhr, Most und Brot, und nach 7 Uhr ging man zum Nachtessen, womit das Tagwerk seinen Abschluß fand. Das Nachtessen bestand fast regelmäßig aus einer Tasse Kaffee mit Brot und Bratkartoffeln oder es gab noch, je nach der Gemüsezeit, mächtige Schüsseln voll Salat, Bohnen, gelbe Rüben und ähnliches Grünfutter. Fleisch und Wurst konnte man sich dazudenken"* (*Bollenbeck* 1985).

Im Marketing spricht man von „Added Values". Damit werden sekundäre, oftmals emotionale, imaginäre sowie magische Produkteigenschaften bezeichnet, die mit der Nutzung des Produktes gleichermaßen wirksam werden bzw. werden sollen. Fleisch ist ein Lebensmittel, das in vielfältiger Weise mit einem Added Value behaftet ist. Es ist eine bevorzugte Domäne der Werbung, solche Added Values zu kommunizieren. „Fleisch ist ein Stück Lebenskraft“ ist dafür ein treffendes Beispiel. Das „große Stück Fleisch für Vater am sonntäglichen Familientisch“, die bis in die heutige Zeit vorherrschende Tendenz, das Festtagsmahl am Braten dingfest zu machen, aber auch die Tradition, im Restaurant das Menü nach der Fleischkomponente zu bezeichnen und auszuwählen, geben dem Fleisch seinen besonderen emotionalen Stellenwert, der weit über sensorische Qualitäten oder seine Sättigungswirkung hinausgeht. Das langjährige Lieblingsgericht der Deutschen, die Rindsroulade, wurde vom Steak abgelöst, aber bezeichnenderweise bleibt die Lieblingsspeise ein „Stück Fleisch“.

Damit ist kurz umrissen, daß Fleischgenuß mehr ist als die Beseitigung des Hungers über eine Nahrungskomponente tierischen Ursprungs. Der bundesdeutsche Fleischkonsum, der in den 50er Jahren des beginnenden Wohlstandes mit 20 kg pro Kopf und Jahr begann und sich bis heute auf etwa 65 kg steigerte, belegt, daß diese Added Values nach wie vor sehr stark und emotional in der Psyche der Bevölkerung verankert sind. Gleichwohl müßte genau diese feste emotionale Basis bei widerstreitenden Informationen zu jenen kognitiven Dissonanzen führen, die angesprochen wurden.

Zum Verständnis seien Ergebnisse aus bevölkerungsrepräsentativen Erhebungen angeführt. Aufgefordert, einerseits „gesunde“ und andererseits „ungesunde“ Lebensmittel zu nennen, besetzen Fleisch und Fleischprodukte erste Plätze auf der Rangliste der „ungesunden“ Lebensmittel.

„*Ungesund*“ sind: Fett (39 %); fettes Fleisch (29 %); Schweinefleisch (24 %); Wurst (14 %); Fleisch (7 %); Kalbfleisch (6 %). Dagegen erscheinen lediglich die Positionen „*Fleisch*“ mit 8 % und „*einzelne Fleischsorten*“ mit 6 % der Nennungen auf der Liste der „*gesunden*“ Lebensmittel.

Diese Befragung läßt unschwer erkennen, in welche Richtung das Ernährungsimage von Fleisch und Wurstwaren tendiert: Die Aufklärung über ungünstige Wirkungen eines überhöhten Fleisch- und Wurstkonsums ist in dieser Weise also beim Verbraucher nicht angekommen. Er hält in der vereinfachten Interpretation dieser Aufklärungsbotschaft Fleisch- und Wurstwaren generell für „*ungesund*“. Ein Widerspruch zu den Verzehrsdaten?

Der große „Lernerfolg“ der Verbraucherschaft, die Angebote eines Lebensmittelsupermarktes unschwer in „gesunde“ und „ungesunde“ Lebensmittel einzuteilen, hat am bundesdeutschen Eßverhalten wenig oder gar nichts geändert. Psychologisch betrachtet kommt es durch diesen Lernerfolg aber permanent zu Kollisionen zwischen Einstellung und Verhalten, denn Verzehrserhebungen zeigen mit aller Deutlichkeit, daß von der Menge her gerade jene Lebensmittel konsumiert werden, die als „ungesund“ klassifiziert werden.

Es findet ständig, wie die Verhaltenspsychologie heute weiß, eine *Gegenregulation* statt. Darunter wird das Phänomen verstanden, daß jemand sich etwas verbietet, diesen rigiden Grundsatz aber nicht so konsequent einhalten kann, so daß eine auch nur geringfügige Überschreitung dieses Vorsatzes zum Zusammenbruch des gesamten Kontrollsystems führt und damit genau das Verhalten fördert, was mit dem Vorsatz verhindert werden sollte. So stabilisiert der ständige Verzehr „ungesunder“ Lebensmittel sich selbst, da ein stringenter Verzicht auf das „Ungesunde“ nicht realisierbar ist. Als sinnvoller Ausweg erscheint nur die Möglichkeit, diese gesundheitsbezogene, auch ernährungspsychologisch unsinnige Klassifizierung aufzugeben und die Qualität der Ernährung nach Menge und Kombination von Lebensmitteln zu bemessen.

Einen anderen Aspekt, wie der Verbraucher seine kognitive Dissonanz auflösen kann, erhellt eine zweite Erhebung. Repräsentative Bevölkerungsstichproben in Ost und West wurden nach Zufall gesplittet. 50 % hatten anzugeben, „worauf Sie in Ihrer Ernährung besonderen Wert legen“, während 50 % anzugeben hatten, „worauf Sie bei Ihrem Essen besonderen Wert legen“. Die Antwortkategorien sind weitgehend unähnlich.

Kriterien für „Ernährung“ waren wesentlich ernährungsphysiologische Argumente, während bei der Frage nach dem „Essen“ auf sensorische Gütekriterien und das Ambiente abgehoben wurde. Die Begriffe „Ernährung“ und „Essen“ werden offenbar nicht synonym verwendet. Assoziationen zum Begriff „Ernährung“ sind qualitativ anders als jene Assoziationen zum Begriff „Essen“. Indem also der Ver-

Tab. 1

Antwortkategorie	Version A (Essen)	
	West	Ost
daß es gut schmeckt	46,4 %	48,0 %
gesundes, bekömmliches Essen	11,6 %	6,3 %
gemütliche, angenehme Atmosphäre	10,2 %	14,8 %
schön gedeckter Tisch, gutes Aussehen	9,3 %	19,8 %
auf Deftigkeit, daß ich satt werde	8,3 %	7,0 %
Antwortkategorie	**Version B (Ernährung)**	
	West	Ost
daß es gut schmeckt	24,9 %	22,4 %
fettarm	13,7 %	16,6 %
vitaminreich	12,8 %	28,2 %
abwechslungsreich	11,1 %	12,7 %
daß ich nicht zu dick werde	9,6 %	12,5 %

braucher in seinen *Gedanken über Ernährung* andere Assoziationen aktiviert als bei seinem *Eßverhalten*, entsteht keine störende Dissonanz. Die Dissonanz wurde semantisch aufgelöst (s. Tab. **1**).

Die Turbulenzen in der öffentlichen Meinung zum Thema „Fleischverzehr" müssen auch nicht in jedem Fall in der öffentlichen Meinung reflektiert werden. Eine große Aktualität eines Themas in den Medien beweist nicht eine ebenso große Aktualität in der Verbrauchermeinung. Nach der Methode des Stichprobensplits erhielten jeweils 50 % der Befragten die Formulierung A „*Die Lebensmittelskandale der letzten Zeit weisen darauf hin, daß einige Lebensmittel ein großes Gesundheitsrisiko für die Bevölkerung darstellen*" bzw. B „*Trotz der Lebensmittelskandale der letzten Zeit besteht eigentlich kein Gesundheitsrisiko für die Bevölkerung*". Auf einer 6stufigen Ratingsskala war zu beurteilen, in welchem Ausmaß die Zielperson mit dieser Aussage übereinstimmt.

Die Ergebnisse überraschen auf den ersten Blick, denn bei beiden Vorgaben ergibt sich eine Zustimmung von 90,1 % (Version A) und 63,3 % (Version B). Wenn vorgegebene Formulierungen Zustimmung erfahren, dann deutet das an, daß sich die Befragten dazu selbst keine Meinung gebildet haben, daß für sie das angesprochene Thema nicht aktuell ist.

Das ist mit einem anderen Thema klar zu veranschaulichen. Formulierung A „*Tiefgekühlte Gerichte werden sich in Zukunft als moderne Ernährungsform nicht durchsetzen*" bzw. Formulierung B „*Tiefgekühlte Gerichte haben keine Zukunft, weil sie industriell hergestellt sind*" ergeben logisch klare Zustimmungs- bzw. Ablehnungsverhältnisse: Version A erhält 70,9 % Zustimmung (29,1 %Ablehnung), während Version B 26,9 % Zustimmung und 73,1 % Ablehnung erfährt. Offenbar existiert zu diesem Thema eine eindeutige Meinung in der Bevölkerung, die auch durch die Richtung der Vorformulierung nicht beeinflußt werden kann. Dieses kleine Methodenexperiment sollte nur erkennen lassen, mit welcher Vorsicht Befragungsergebnisse zu scheinbar aktuellen Themen interpretiert werden müssen. So sicher auch bei der Einstellung zu Fleisch.

Als weiterer Punkt muß hinsichtlich des Verzehrs von Fleisch- und Fleischwaren erkannt werden, daß Distribution, Angebot, Aufmachung und Convenienceaspekt der Lebensmittel insgesamt nachhaltig verändert wurden. Vier Aspekte können herausgestellt werden.

1. Tendenz: Verlust der Wertschätzung. Den Generationen ab Jahrgang 1950 fehlt die existentielle Erfahrung der Nahrungsmitteleinschränkung und -verknappung und das daraus resultierende emotionale und existentielle Grunderlebnis, wie unmittelbar Nahrungsaufnahme und Leben zusammenhängen. Eine durch Hochachtung gekennzeichnete Wertschätzung des Lebensmittels ist damit emotional nicht verankert.

2. Tendenz: Verlust der Lebensmittelidentität. Konsumenten in modernen Supermärkten erleben den Erwerb von Lebensmitteln nicht mehr anders als den Einkauf beliebiger Non-Food-Konsumartikel auch. In Abpackung, Preisauszeichnung, Angebotsform, Sortimentstiefe und -breite unterscheiden sich Drogeriemarkt, Lebensmittelmarkt oder Elektronikdiscounter nicht.

3. Tendenz: Verlust der originären Beziehung zur Herkunft. Der originäre Bezug zur Quelle des Lebensmittels ist weitgehend verloren gegangen. Die im Quader verpackte Milch erzeugt kaum Assoziationen an die Kuh, das Fischstäbchen läßt kaum an Kabeljau denken und der Hamburger zwischen dem Sesambrötchen weckt keinen Gedanken an einen Bullen. Diese heute fehlenden, früher erfahrungsgemäß aber nachvollziehbaren Verbindungen zur originären Quelle der Lebensmittel werden durch Convenience-Food noch weiter verdeckt und geben dem Lebensmittel einen emotional eher neutralen Stellenwert.

4. Tendenz: Verlust der emotionalen Beziehung. Die situative Erlebniszuweisung von Mahlzeiten oder bestimmten „privaten" Rezepturen schwindet durch Zunahme des Außer-Haus-Verzehrs und erhöhter Mobilität und die damit verbundene Auflösung der häuslichen Tischgemeinschaft.

Diese vier Tendenzen zusammengefaßt sprechen insgesamt für eine Neutralisierung des Lebensmittels, so auch von Fleisch und Fleischwaren. Das erklärt schließlich auch die in jüngster Zeit aktualisierte Dissonanz bei den Verbrauchern, die durch Informationen, Berichte und Reportagen über Tierhaltungs- und Tiertransportmißstände sowie über Zustände in Schlachthöfen ausgelöst wurde. Die Heftigkeit der Reaktionen beim Verbraucher liegt natürlich im Ausmaß der Mißstände begründet, wie sie als ubiquitär vorhanden dargestellt wurden. Die Heftigkeit der Reaktionen wird aber auch dadurch gesteigert, daß mit diesen Berichten emotional eindrucksvoll thematisiert wurde, daß „lebende Tiere" die Grundlage für Lebensmittel sind. Diese „Selbstverständlichkeit" war durch das Warenangebot und die Produktgestaltung weitgehend aus der emotionalen Verankerung gelöst worden, da viele Produkte (wie z. B. der „Hamburger") ihre eigene Identität hatten, ohne auf Assoziationen zu der Quelle ihrer Herkunft zu rekurrieren.

Diese Konfrontation löst erhebliche Dissonanz aus, aktiviert Schuldgefühle und führt kurzfristig zu Vermeidungsreaktionen, wie an der rückläufigen Nachfrage bei Fleisch zu erkennen ist. Vermeidungsreaktionen unterliegen aber der „Vergessenskurve", da sie aktuell eingesetzt werden, um erlebte Verunsicherung zu beseitigen. Wenn die Verunsicherungssignale nicht mehr aktuell sind, verblassen die Vermeidungsreaktionen – wie auch bei Fisch, Wein und anderen Vorfällen beobachtet werden konnte. So wird durch die gegenwärtige Diskussion das Eßverhalten weiter Teile der Bevölkerung langfristig sicher nicht nachhaltig verändert.

Gerade der psychologische Hintergrund zum Fleischverzehr zeigt eindrucksvoll, wie stabil menschliches (Eß-)Verhalten ist, wenn es eine feste emotionale Verankerung besitzt. Aus psychologischer Sicht ist eine rationale, ernährungsphysiologische Optimierung der Fleisch- und Wurstwaren leichter zu erreichen als eine nachhaltige Veränderung der Verzehrsmuster, die durch soziale, kulturelle, aber auch imaginäre und mystische Faktoren seit Generationen stabilisiert werden.

Vegetarismus – Pro und Kontra – Die Berliner Vegetarierstudie –

H. Rottka

Einleitung

Die vegetarische Ernährungsweise ist nichts Neues: Der griechische Mathematiker Pythagoras hat nicht nur seinen berühmten Lehrsatz über das rechtwinklige Dreieck erfunden, sondern er gilt auch als der Begründer der vegetarischen Ernährungsweise. Andere Philosophen und Dichter der Antike wie Sokrates, Plato, Ovid, Epikur und Seneca waren ebenfalls Vegetarier. Im Mittelalter geriet die vegetarische Ernährungsweise in Vergessenheit; sie lebte erst mit der Renaissance wieder auf. Seither machte sie langsame aber stetige Fortschritte. So entstand 1811 in London die Vegetarian Society, deren Anhänger sich „Vegetarians" nannten.

In Deutschland wurde 1887 die Deutsche Vegetarische Gesellschaft von *Baltzer* gegründet. Seit den sechziger Jahren steigt die Zahl der Menschen, die Fleisch- und Fischgenuß ablehnen, stetig an. 1985 ernährten sich nach einer repräsentativen Umfrage in der Bundesrepublik Deutschland 0,8 % der erwachsenen Bevölkerung vegetarisch. Die Motivation zur vegetarischen Ernährung ist sehr unterschiedlich. Waren es ursprünglich vor allem ethische und religiöse Überzeugungen in konsequenter Befolgung des Gebotes „Du sollst nicht töten", so stehen heute gesundheitliche und ökologische Ansichten im Vordergrund.

Vegetarier meiden Fleisch von warm- und kaltblütigen Tieren. Bei ernährungswissenschaftlicher Betrachtung werden drei Formen des Vegetarismus unterschieden:

- Ovo-Lacto-Vegetarier verzehren Eier, Milch und daraus hergestellte Produkte,
- Lacto-Vegetarier meiden Eier,
- Veganer verzehren keinerlei tierische Produkte.

Es ist oft behauptet worden, daß vegetarische Ernährung eine Mangelernährung verursacht. Diese Behauptung erwies sich für die (ovo)-lacto-vegetabile Ernährung als unrichtig. Urteile dieser Art konnten sich über einen langen Zeitraum halten, da repräsentative Untersuchungsergebnisse nicht vorlagen. Aus diesem Grund wurde 1981 im Bundesgesundheitsamt die Berliner Vegetarierstudie begonnen. Dabei handelt es sich um eine mit „Matched-pair-Verfahren" kontrollierte Querschnittsuntersuchung an zunächst 100, mindestens seit 5 Jahren vegetarisch lebenden Personen. Für jeden Probanden wurde ein nichtvegetarischer „Zwilling" gesucht, der in bezug auf Geschlecht, Alter, Schulbildung, Körpergröße mit dem Vegetarier möglichst identisch war. Darüber hinaus wurde gefordert, daß er nach den Kriterien gesundheitsbewußten Verhaltens lebte. Diese Erschwernis wurde eingebaut, da Vegetarier in der Regel überdurchschnittlich ernährungs- und gesundheitsbewußt sind. Auf diese Weise sollten möglichst die gesundheitlichen Wirkungen von Fleisch allein eruiert werden.

Das Alter der Probandenpaare lag zwischen 21 und 77 Jahren; die Dauer der vegetarischen Ernährung betrug bei den Männern durchschnittlich 15, bei den Frauen 22 Jahre. Die Probanden von 1981 wurden 1985 nochmals untersucht. Gleichzeitig wurde die Studie beträchtlich erweitert. In der Zwischenzeit war es gelungen, 300 weitere Vegetarier – sowie 300 Kontrollpersonen – zur Teilnahme an der Studie zu gewinnen.

Am Ende des Jahres 1989 konnten wir die nach den gleichen Kriterien gewonnenen Ergebnisse von 400 Vegetariern mit den von 400 fleischverzehrenden, gesundheitsbewußt-lebenden Kontrollprobanden vergleichen. Das schon in der Pilotstudie erkennbare „Pro" der vegetarischen Ernährung konnte damit gesichert werden.

Einfluß der vegetarischen bzw. veganischen Ernährung auf Nährstoffversorgung, Risikofaktoren und Krankheitsbilder

Einfluß auf die Versorgung mit einzelnen Nährstoffen

Protein: Bei (Ovo)-Lacto-Vegetariern ist die Proteinversorgung gewährleistet. Bei veganischer Ernährung ist Proteinmangel zwar grundsätzlich möglich, weil die biologische Wertigkeit der pflanzlichen Proteine im allgemeinen niedriger ist als die tierischer.

Bei richtiger Auswahl bzw. Kombination der Proteinträger muß die veganische Kost nicht zu einer negativen Stickstoffbilanz führen. Dazu sind allerdings genauere Kenntnisse erforderlich, die bei den Veganern nicht ohne weiteres vorausgesetzt werden können. Säuglinge dürfen nach dem Abstillen keineswegs veganisch ernährt werden. Auch Schwangeren und Stillenden ist von dieser Ernährungsform abzuraten. Ob Heranwachsende mit veganischer Kost ohne Proteinbeimischungen (und Eisen- sowie Vitamin B_{12}-Supplemente) auf Dauer vollwertig ernährt werden können, steht noch nicht fest.

Eisen: Bei vegetarischer Ernährung entfällt Fleisch als wichtigste Eisenquelle. In den westlichen Industrieländern werden 30 % des Nahrungseisens über Fleisch zugeführt; zusätzlich ist zu berücksichtigen, daß das von Pflanzen gespeicherte Eisen in einer schlecht resorbierbaren Form vorliegt. Unter Eisenmangelbedingungen kann die Eisenresorption um 20 % ansteigen, dies gleicht einen Mangel u. U. weitgehend aus. Bei 17 % der Vegetarierinnen war eine Abweichung der Serumeisenwerte um etwa 10 % nach unten vorhanden; bei vegetarisch ernährten Männern ist hingegen keine Abweichung gegenüber Fleischessern zu verzeichnen.

In letzter Zeit wird der „Eisenmangel" zunehmend diskutiert. Es gibt Untersuchungen, welche zeigen, daß niedrige Serumeisenwerte mit niedrigem Infektionsrisiko und bei Frauen sogar mit einer niedrigen Herzinfarktrate korrelieren. Der Krankheitswert des sogenannten latenten Eisenmangels ist heute nicht mehr ohne Einschränkungen haltbar. Zumindest bei den vegetarisch lebenden weiblichen Probanden konnten keine Anhaltspunkte gefunden werden, daß der um 10 % niedrigere Serum-Eisen-Spiegel mit Krankheiten irgendwelcher Art verbunden ist.

Kalzium: Der Kalziumbedarf ist bei (ovo)-lacto-vegetabiler Ernährung besser als bei der Mischkost gedeckt, da Vegetarier einen höheren Verzehr von Milch und Käse – die wichtigsten Kalziumquellen – aufweisen (lt. Ernährungsbericht stammten 1984 rund 40 % des zugeführten Kalziums aus Milch und Milchprodukten und rund 19 % aus Käse).

Für Veganer ist die Kalziumversorgung rein rechnerisch betrachtet kritisch. Wichtige Kalziumlieferanten sind beispielsweise Nüsse, Feigen, Sojamehl und Bohnenkerne. Untersuchungen haben ergeben, daß bei kalziumarmer Ernährung die Resorptionsrate ansteigt, die Kalziurie dagegen bei Ernährung mit pflanzlichen Proteinen abnimmt.

Möglicherweise können auch Veganer bei optimaler Zusammenstellung ihrer Kost eine ausgeglichene Kalziumbilanz mit 200 mg Kalzium pro Tag erreichen, genauere Untersuchungen in dieser Richtung liegen aber nicht vor.

Vitamin B_{12}: Ein weiterer kritischer Nährstoff ist Cobalamin, das ausschließlich in Lebensmitteln tierischer Herkunft enthalten ist. (Ovo)-Lacto-Vegetarier bilden auch hier keine Problemgruppe. In Milch und Käse sind so große Mengen Vitamin B_{12} enthalten, daß es zu keinen Mangelerscheinungen kommen kann. Für Veganer ist die Situation jedoch anders, da in pflanzlichen Nahrungsmitteln Cobalamin nicht vorkommt. Die Produktion im Dickdarm ist für die Vitamin-B_{12}-Versorgung nicht relevant, da die Resorption bereits im terminalen Ileum erfolgt. Warum eine große Zahl von Veganern trotz fehlender Vitamin-B_{12}-Aufnahme ausreichend mit diesem Vitamin versorgt ist, kann nicht beantwortet werden. Die wahrscheinlichste Erklärung ist, daß das Vitamin B_{12} im Dünndarm der Veganer bakteriell in ausreichender Menge synthetisiert und resorbiert wird. Grundsätzlich sollte bei Veganern eine medikamentöse Vitamin-B_{12}-Substitution in Betracht gezogen werden.

Einfluß der vegetarischen Ernährung auf Risikofaktoren

Körpergewicht, Blutdruck, Serumlipide

Vegetarier weisen im Vergleich zu der fleischessenden Kontrollgruppe Idealgewicht auf. Die Blutdruckwerte liegen bei Vegetariern eindeutig niedriger als bei den untersuchten Gemischtköstlern. Ob dies auf das generell niedrigere Gewicht der Vegetarier zurückzuführen ist, muß noch geklärt werden. Das zugunsten des Kaliums veränderte Natrium-Kalium-Verhältnis dürfte für die niedrigeren Blutdruckwerte bei Vegetariern mindestens z. T. verantwortlich sein.

Von großem Interesse sind die Serumlipide als Risikofaktoren. Vegetarier verzehren weniger cholesterinreiche Nahrungsmittel als Fleischesser. Rund 50 % der üblicherweise zugeführten Cholesterinmenge stammen aus Fleisch, Fleischwaren und Wurst. Pflanzliche Nahrungsmittel sind dagegen cholesterinfrei. Der hohe Fettkonsum, der für Industrieländer bezeichnend ist, beruht zu einem gewichtigen Teil auf dem reichlichen Verzehr von Fleisch und Wurst mit dem dadurch bedingten überwiegenden Anteil an gesättigten Fettsäuren. Der verminderte Fett- und Cholesterinkonsum bei Vegetariern ist sicher nicht allein für die niedrigen Serumcholesterinkonzentrationen verantwortlich. Auch hier sind das niedrige Körpergewicht und der hohe Ballaststoffverzehr (40 g im Durchschnitt) an der Senkung des Serumcholesterinspiegels beteiligt.

Die Berliner Studie ergab bei (Ovo)-Lacto-Vegetariern sehr viel niedrigere Triglyceridwerte als bei Nichtvegetariern. Ebenfalls ist der sog. arterogene Index, der Quotient des Gesamtcholesterins zu HDL, bei Vegetariern durchweg günstiger als bei Gemischtköstlern.

Alkohol, Nikotin und körperliche Aktivität

Das allgemeine überdurchschnittliche gesundheitsbewußte Verhalten der Vegetarier äußert sich auch in einem geringen Alkohol- und Nikotinkonsum. In der Berliner Studie konsumierten nur 22 % bis 5 % der männlichen und 5 % bis 2 % der weiblichen Vegetarier „häufiger alkoholische Getränke“. Auch rauchen (Ovo)-Lacto-Vegetarier, besonders aber Veganer, praktisch nicht. Diese Verhaltensweise trägt zu einem erheblichen – zwar nicht quantifizierbaren Teil – zu der günstigen Gesundheitssituation der Vegetarier-Gruppe bei.

Einfluß der vegetarischen Ernährungsweise auf bestimmte Erkrankungen

Die koronare Herzkrankheit

Die koronare Herzkrankheit (KHK) ist ein multifaktorielles Geschehen. Neben den bekannten Risikofaktoren erster Ordnung (Hypercholesterinämie, Zigarettenabusus und Bluthochdruck) sowie zweiter Ordnung (Adipositas und Diabetes mellitus) spielen zweifellos auch Verhaltensweisen wie körperliche Aktivität, Streß u. a. m. eine Rolle. Bei Ovo-Lacto-Vegetariern und Veganern sind nach unseren, aber auch anderen Untersuchungen mindestens die Risikofaktoren erster Ordnung sowie Adipositas wesentlich weniger häufig als bei Nichtvegetariern.

Folgerichtig fand sich in Untersuchungen bei Vegetariern ein 30–70 % niedrigeres KHK-Risiko als bei Nichtvegetariern. Wie auch andere große epidemiologische Studien zeigen, können eindeutig Zusammenhänge zwischen Verzehr von Gesamtfett bzw. gesättigten Fettsäuren, Cholesterin und Häufigkeit der koronaren Herzkrankheit belegt werden. Eigenanamnestische Angaben der Probanden der Berliner Studie zu Krankheiten und Medikamentenverbrauch scheinen Zusammenhänge zwischen vegetarischer Lebensweise und Häufigkeit von Krankheiten zu bestätigen.

Krankheiten des Gastrointestinaltraktes

Alle Vegetarier verzehren erheblich größere Mengen pflanzlicher Nahrungsmittel und damit mehr Ballaststoffe als Gemischtköstler – in Berlin waren es 40 g/Tag. Mit der „Fiber-Hypothese“ haben englische Epidemiologen eine Reihe von Zivilisationskrankheiten in den Industrieländern mit einem zu geringen Ballaststoffverzehr ursächlich in Verbindung gebracht. Folglich müßten derartige Erkrankungen bei Vegetariern deutlich weniger vorkommen. Dies trifft auf die Häufigkeit von Divertikulose, Kolonkarzinom und Gallensteinen zu. Verschiedene Arbeiten bestätigen dies.

Andere Krankheiten

Hyperurikämie: Die Berliner Untersuchung weist sowohl in eigenanamnestischen Angaben als auch bei den biochemischen Daten darauf hin, daß Gicht und Hyperurikämie bei Vegetariern offensichtlich gar nicht oder sehr selten vorkommen.
Nierenfunktionsstörungen: Seit einiger Zeit mehren sich die Hinweise, daß Beeinträchtigungen der funktionellen Nierenleistung bei proteinarmer bzw. vegetarischer Proteinzufuhr seltener sind als bei Nichtvegetariern. Wir konnten in der Berliner Studie durch Messung der Serum-Kreatinin-Werte diese Aussagen unterstützen. Offenbar verfügen Vegetarier auch über eine erhöhte Nierenleistungsreserve. Diesen Befunden wird in Zukunft größere Bedeutung beizumessen sein, vor allem in Anbetracht der hohen Proteinzufuhr in den Industrieländern.
Karzinome: Untersuchungen, die an 7th-Day-Adventisten in Kalifornien über einen Beobachtungszeitraum von 7 Jahren durchgeführt worden sind, ergaben, daß die alters- und geschlechtsstandardisierte Krebssterblichkeit bei Vegetariern um die Hälfte bis zu zwei Drittel niedriger ist als bei der durchschnittlichen kalifornischen Bevölkerung. Auffallend ist, daß die durch Rauchen und/oder Alkoholkonsum bedingten Karzinome bei Vegetariern fast nicht vorkommen. Auch die niedrige Inzidenz des Kolon- und Mammakarzinoms korreliert mit der für Vegetarier typischen Ernährung. Wie man weiß, wird epidemiologisch der Krebs der weiblichen Brust in Zusammenhang mit der Höhe des Fettverzehrs gebracht. Kein signifikanter Unterschied besteht bei den malignen Erkrankungen der Nieren, des Zentralnervensystems bei Lymphomen und Leukämie. Unsere Studie konnte als Querschnittsuntersuchung hierzu keine Erkenntnisse beitragen.

Nach kritischer Durchsicht aller zur Verfügung stehenden Befunde und gestützt durch die eigenen Untersuchungen gibt es keine Bedenken, eine ovolaktovegetarische Kost für einen erwachsenen Menschen als vollwertige Ernährung zu qualifizieren. Nach den vorliegenden Daten scheint eine solche Ernährung Vorteile für die Gesundheit zu bringen, gesichert ist dies allerdings nur für eine Reihe von Risikofaktoren. Endgültige Klärung, ob eine vegetarische Ernährung tatsächlich eine Senkung des härtesten Faktors, der Sterblichkeit erbringt, muß durch zusätzliche Untersuchungen noch erwiesen werden, wie z. B. durch die noch laufende Vegetarierstudie des Krebsforschungsinstituts Heidelbeg.

Bis dahin läßt sich für Menschen, die sich nicht vegetarisch ernähren wollen oder können jedoch die gesicherte Erkenntnis vermitteln, daß eine vermehrte Berücksichtigung pflanzlicher Proteinquellen, besonders Brot und Kartoffeln bei der Zusammensetzung des Speiseplanes von gesundheitlichem Vorteil ist. Es sprechen gewichtige Gründe dafür, Fleisch und Fleischprodukte nicht mehr als die wertbestimmenden Bestandteile unserer Ernährung zu verwenden.

Zusammenfassung

In der seriösen Literatur wird über eine Reihe von gesundheitlichen Vorteilen berichtet, die mit einer fleischlosen Kost verbunden sind. Fundierte Ergebnisse sind jedoch meist aus vegetarisch lebenden Religionsgemeinschaften gewonnen worden, so daß der Faktor vegetarische Ernährung in seiner Wirkung nicht isoliert betrachtet werden konnte. Ernährungswissenschaftliche Erkenntnisse über Vegetarier in Deutschland lagen bisher nicht vor.

Aus diesem Grunde wurde am BGA 1981 die Berliner Vegetarierstudie begonnen. Dabei handelt es sich um eine Querschnittsuntersuchung an 400, mindestens 5 Jahre vegetarisch lebenden Personen, die im "Matched-pair"-Verfahren mit sich ‚gesund ernährenden‘ Fleischessern verglichen wurde. Die Verzehrsgewohnheiten der beiden Gruppen wurden mit Sieben-Tages-Protokollen ermittelt und mit Hilfe des neu entwickelten Bundes-Lebensmittelschlüssels ausgewertet.

Mit Ausnahme der Eisenversorgung bei etwa 17 % der Frauen und der Vitamin-B_{12}-Bedarfsdeckung bei der kleinen Gruppe der Veganer ist die Nährstoffversorgung der Vegetarier als optimal anzusehen. Sie entspricht in nahezu allen Punkten den Empfehlungen der DGE.

Die Ergebnisse zeigen bei den Vegetariern günstigere Werte bei folgenden Parametern: Blutdruck, Körpergewicht, Krankheitshäufigkeit, Rauch- und Trinkgewohnheiten, Harnsäure, Serumkreatinin u. a. m., besonders günstig aber beim Serumcholesterin, HDL / Cholesterin und den Triglyzeriden.

Albumin, Hämoglobin, Serumeisen waren bei Männern nicht, bei Frauen nur geringfügig niederer als bei den Kontrollpersonen.

In der Deutung dieser Ergebnisse läßt sich jedoch nicht der Schluß ziehen, daß die Fleischabstinenz *die* Ursache für die gesundheitlichen Vorteile der Vegetarier ist. Vegetarier haben davon unabhängig ein wesentlich anderes Verzehrsmuster. Bei sehr niedrigem Fettverzehr ist dieses durch einen ungewöhnlich hohen Gemüse-, Obst-, Brot-(= hoher Ballaststoff-)Konsum gekennzeichnet. Die zweifellos günstigeren Befunde bei Risikoparametern und Morbidität sind bei den Vegetariern aber auch nicht allein durch die Ernährung zu erklären.

Die Tatsache, daß Vegetarier praktisch nicht rauchen und kaum Alkohol trinken, ist neben der anderen Einstellung der Vegetarier zur Gesundheit zu einem erheblichen Anteil an dem Gesundheitsvorsprung beteiligt.

Literatur

1 *Rottka, H., W. Thefeld:* Gesundheit und vegetarische Ernährungsweise. Akt. Ernähr. Med. 9 (1984) 209 – 216

2 *Thefeld, W., H. Rottka, H.-U. Melchert:* Verhaltensweisen und Gesundheitszustand von Vegetariern. Akt. Ernähr. Med. 11 (1986) 127 – 135

3 *Rottka, H., E. Hermann-Kunz, B. Hahn, H. P. Lang:* Berliner Vegetarierstudie – Erste Mitteilung. Lebensmittelverzehr, Nährstoff- und Energieaufnahme im Vergleich zu Nichtvegetariern. Akt. Ernähr. Med. 13 (1988) 161 – 170

4 *Rottka, H., E. Hermann-Kunz, B. Hahn, H.-P. Lang:* Berliner Vegetarierstudie – Zweite Mitteilung. Antropometrische und Biochemische Meßdaten im Vergleich zu Nichtvegetariern. Akt. Ernähr. Med. 14 (1989) 32 – 39

Ausführliche Literaturübersicht bei
Prof. Dr. med. *Helmut Rottka*
Pharmazeutisches Institut
der Freien Universität Berlin
Sonnenberger Weg 19
12209 Berlin

Nährstoffgehalt von Fleisch und Fleischwaren

K. O. Honikel

Fleischerzeugung

In den letzten Jahrhunderten, bis zur ausreichenden Versorgung der Bevölkerung mit Nahrungsmitteln Ende der fünfziger Jahre dieses Jahrhunderts, war Schweinefettgewebe neben Milchfett eine der Hauptfettquellen in der üblichen Ernährungsweise des Mitteleuropäers. Demzufolge waren in früheren Zeiten die gemästeten Schweine fett. Fett- und Fleischanteil im Schlachttierkörper hielten sich die Waage. Mit dem Kolonialzeitalter kamen stetig steigende billige pflanzliche Fette auf den Markt. Fleisch ohne viel Fett wurde beliebter.

Seit den fünfziger Jahren dieses Jahrhunderts wurden daher zunehmend neue Fleischrassen eingekreuzt. Wirtschaftliche Aspekte gaben den Ausschlag, denn 1 kg Muskelmasse wird mit weniger Futter erzeugt als 1 kg Fettgewebe. Aufgrund von parallel dazu laufenden Forderungen von Ernährungswissenschaftlern und Verbrauchern nach magerem Fleisch erreichen wir bei den heute gemästeten, relativ jungen Schweinen in Deutschland ca. 57 % Fleisch und nur noch 24 % Fett im Schlachttierkörper. Der Rest von 19 % sind Knochen und nicht verzehrfähige Teile.

Zerlegung der Tierkörper

Die nach der Kühlung erfolgende Zerlegung von Schlachttierkörpern wird in der Regel in mehreren Stufen durchgeführt. Zuerst erfolgt eine Zerlegung in große Teilstücke. Diese werden entweder ausgelöst oder mit Knochen in einem abfallarmen Zuschnitt an den Fleischhandel und an Einzelhandelsgeschäfte weitergegeben. Dort werden daraus verbrauchergerechte Teilstücke zugeschnitten, um entweder über die Theke verkauft oder in vorverpackter Form dem Kunden angeboten zu werden. Beim Verkauf über die Theke wird erforderlichenfalls das Fleisch weiter so zugeschnitten, wie es der einzelne Kunde wünscht. Da die Kunden auf allen Vermarktungsebenen heute in der Regel auf ein möglichst fettarmes Fleisch Wert legen, werden die Teilstücke bereits bei der Grobzerlegung entsprechend fettarm zugeschnitten. Um einen möglichst geringen Anteil an Fettabschnitten zu erhalten, sind alle Abnehmer bemüht, möglichst fleischreiche Hälften oder Teilstücke einzukaufen. Daher sind Schweineschlachttierkörper mit einem hohen Muskelfleischanteil erwünscht und werden am höchsten bezahlt, obwohl dies nicht unbedingt auch die beste Qualität im umfassenden Sinne garantiert.

Zusammensetzung der Teilstücke

Schweinefleisch

Die Daten sind in den folgenden Abbildungen in Form der sogenannten Box-Whisker-Plots dargestellt. Bei dieser Art der Darstellung zeigt der unterste angezeigte Wert den niedrigsten gemessenen Wert an. Der darüberliegende Kreis bezeichnet den 10. Perzentilwert (10 % der Meßwerte liegen unter diesem Wert), der untere Rahmen des Kästchens stellt die 25 %-Marke dar, der obere Rand den 75 %-Wert. Der Querstrich in der Mitte des Kastens zeigt den Median an (50 % der Meßwerte liegen unter, 50 % über diesem Meßwert), der Querstrich, durch ein x unterbrochen, den arithmetischen Mittelwert. Der obere schwarze Kreis gibt das 90. Perzentil an, und der höchste Wert ist durch den oberen Querstrich gekennzeichnet. Diese Darstellung erlaubt, in komprimierter Form, die Verteilung der Meßwerte anzuzeigen.

Aufgrund des biologischen Materials, das wir in 9–18 Proben untersuchten (*Honikel, Wellhäuser* 1993a), ergeben sich – zwangsläufig – natürliche Schwankungsbreiten, die in Abb. **1** beim Gesamteiweiß des Schweinefleisches je-

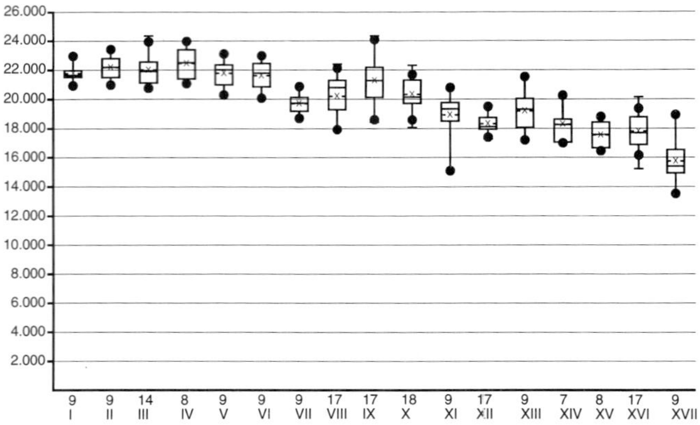

Abb. 1 Eiweißgehalte der Schweinefleischstücke: Abszisse: Die arabischen Zahlen geben die Anzahl der untersuchten Proben an. Die Teilstücke von links nach rechts bedeuten: I = Nuß, II = Schnitzel aus der Oberschale, III = Filet, IV = Lende (M. long. dorsi), V = Hüfte – schier, VI = Stielkotelett, lendenseitig, VII = Hals, kotelettseitig, VIII = dicke Schulter mit Schwarte, IX = Stielkotelett halsseitig, X = Vorderhaxe, XI = Hinterhaxe, XII = Hals kopfseitig, XIII = Unterschale mit Schwarte, XIV = dicke Rippe, XV = Schaufelbraten mit Schwarte, XVI = Füllbauch (Grillbauch) mit Schwarte, XVII = Bauch nach dicker Rippe mit Schwarte. Zur Darstellung in Box-Whiskers-Plots siehe Text.

Tab. 1 Zusammensetzung von Schweinegeweben (g / 100 g); Anzahl der Proben (Fleisch 9 – 18, Innereien 6 – 9).

Teilstück	Eiweiß $\overline{x}$	Mineral-gehalte (Asche) $\overline{x}$	Fett $\overline{x}$	Fett wahrscheinliche Spannbreite	Energie kJ / kcal pro 100 g
Nuß, schier	21,75	1,18	1,3	1 – 2	415/ 99
Schnitzelfleisch	22,2	1,20	1,9	1,5 – 2,5	445/106
Filet	22,0	1,22	2,0	1,5 – 2,5	445/106
Steak / Lende	22,45	1,20	2,1	1 – 3	455/108
Hüfte, schier	21,75	1,20	2,35	1,5 – 3	455/108
Stielkotelett lendens.	21,6	1,14	5,15	3,5 – 6,5	560/133
Hals, koteletts.	19,7	0,97	9,6	7 – 11,5	660/165
dicke Schulter m. Schw.	20,2	1,05	9,65	7 – 12	670/168
Stielkotelett halss.	21,25	1,10	9,85	8 – 15	730/174
Vorderhaxe	20,35	1,02	10,8	9 – 11,5	752/179
Hinterhaxe	18,95	0,97	12,2	9 – 14,5	780/186
Kamm	18,3	0,98	13,8	10 – 17	830/197
Schwartenbraten (US)	19,2	0,99	15,35	11,5 – 17,5	903/215
dicke Rippe	18,3	0,98	15,6	12 – 18	897/214
Schaufelbraten m. Schw.	17,55	0,97	16,8	13,5 – 19,5	928/221
Füllbauch m. Schw.	17,8	0,85	21,1	14 – 22	1097/261
Bauch nach di. Rippe	15,75	0,78	29,0	23 – 32	1361/324
Herz	16,9	1,15	2,1	2 – 2,5	363/ 87
Nieren	17,0	1,30	3,15	3 – 3,5	405/ 96
Leber	21,2	1,50	4,5	3,5 – 5	560/133
Zunge	16,4	0,95	15,7	13 – 17,5	869/207
Fleisch gesamt x	19,95		10,5		
± s	± 1,96		± 7,73		730/175

doch relativ gering sind. Die Median- und auch die Mittelwerte der 6 sehr mageren Teilstücke, die links in Abb. **1** aufgeführt sind, zeigen weiterhin auch einen sehr ähnlichen Eiweißwert von ca. 22 %. Im Mittelbereich liegen die Eiweißwerte im Median um etwa 19–21 %, während sie bei den fetteren Teilen, ganz rechts in Abb. **1**, von 18 auf etwa 16,5 % absinken. Der über alle Teilstücke gewichtete mittlere Eiweißgehalt liegt bei 19,95 ± 1,96 %, wie aus Tab. **1** zu ersehen ist.

Beim Fettgehalt der Schweinefleischteilstükke in Abb. **2** zeigt sich, wie schon in Abb. **1** beim Gesamteiweiß angedeutet, eine Dreierteilung. Es gibt sehr magere Teilstücke, die unter 5 % Fett enthalten. Im mittleren Bereich weisen die Teilstücke Fettwerte zwischen 8 und 12 % im Median auf. Danach folgen, abgesehen vom Schweinebauch, Teilstücke, die Fett in der Größenordnung von etwa 15 % Medianwert enthalten. Wie erwartet, ist das fetteste Teilstück der Bauch, bei dem zwischen dem Füllbauch (auch als „Grillbauch" bezeichnet), der in etwa 21 % Fett besitzt, und dem Bauch nach dicker Rippe mit ca. 29 % unterschieden wurde.

Entsprechend dem ansteigenden Fettgehalt sinkt, ebenso wie der Proteingehalt, auch der Wassergehalt mit steigendem Fettgehalt in den Teilstücken von 76 auf 55 %. Das gleiche gilt für den Gehalt an Mineralien, der bei den mageren Teilstücken bei etwa 1,2 % liegt (Tab. **1**).

Wie bereits aus den Darstellungen der Box-Whisker-Plots zu ersehen ist, fällt der Median häufig mit dem arithmetischen Mittelwert zusammen, bzw. liegt er sehr nahe beim Mittelwert. Dies weist auf eine sehr gleichmäßige Verteilung der Meßwerte hin.

Berechnet man aus den in Tab. **2** festgehaltenen Mittelwerten für Eiweiß und Fett die mittleren Energiegehalte, so ist in Tab. **1** zu erkennen, daß die mageren Teile von Nuß bis „Hüfte schier" Energiegehalte von 100–110 kcal / 100 g im Rohzustand aufweisen. Der größte Teil der Teilstücke weist Energiegehalte zwischen 110 und 200 kcal / 100 g auf. Über 200 kcal / 100 g liegen nur einige wenige Teilstücke. Der Bauch nach dicker Rippe zeigt als einziges Teilstück im Mittelwert über 300 kcal / 100 g an. Gewichtet errechnet sich ein mittlerer Fettgehalt von 10,5 % Fett ± 7,73 bei frischen Schweinefleischstücken und ein mittlerer Energiegehalt von ca. 175 kcal / 100 g. Von Angaben in Tabellenwerken oder in Zeitschriften, daß Schweinefleisch einen mittleren Energiegehalt von über 300, ja 400 kcal / 100 g aufweise, kann deshalb keine Rede mehr sein. Diese hier dargestellten Werte wurden bundesweit von Fleischerfachgeschäften erhoben. Daten in Supermärkten zeigen eine Tendenz zu noch magererem Zuschnitt.

Noch weniger energiehaltig als die Fleischstücke sind die Innereien Herz, Nieren und Leber (Tab. **1**). Die Zunge hingegen ist mit einem mittleren Fettgehalt von 15,7 % ein relativ fettreiches Gewebe, das einen Energiegehalt wie Kamm oder ein Schwartenbraten aus der Unterschale aufweist.

Aufgrund der Ergebnisse zeigt sich, daß es Schweinefleischteilstücke gibt, die einen sehr niedrigen Fettgehalt besitzen. Ob diese extrem mageren Stücke einen hohen Genußwert besitzen, sei dahingestellt. Sie enthalten in sensorischer Hinsicht zu wenig Fett und werden daher auch in der Regel mit Soße, Panade oder mit Kräuterbutter verzehrt. Mit 20 g Butter und

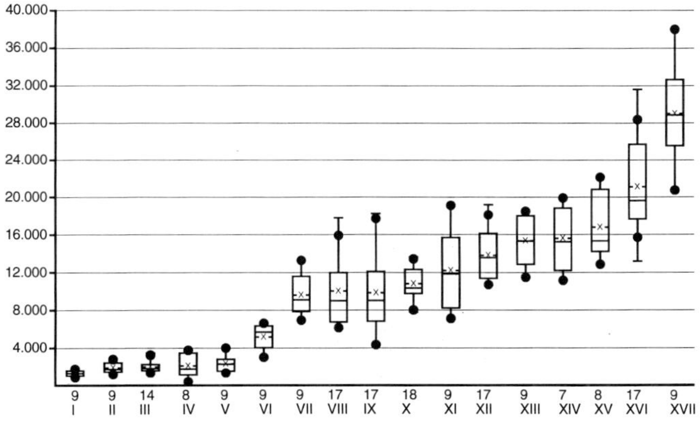

Abb. 2 Fettgehalte der Schweinefleischteilstücke, Darstellung und Reihenfolge wie in Abb. **1**.

Tab. 2 Inhaltsstoffe in verschiedenen Rindfleisch-(Färsen-)teilstücken (Rohmaterial), verbrauchergerecht zugeschnitten; (g bzw. kcal/kJ pro 100 g roh); Anzahl der Einzelproben 6–15.

Teilstück	Eiweiß $\bar{x} \pm s$	Fett $\bar{x} \pm s$	Fett min	Fett max	Energiegehalt im Mittel kcal/kJ
Rolle	21,1 ±0,9	2,0 ±0,55	1,45	2,8	102,5/428,5
Hüfte	21,25±0,8	3,0 ±1,3	0,6	5,75	111/465
runde u. flache Nuß	20,3 ±0,7	2,85±0,8	1,09	4,2	109/455,5
Oberschale	21,65±0,85	2,6 ±0,95	1,35	3,5	110/460
falsches Filet	20,2 ±1,25	2,4 ±0,9	1,6	3,9	102,5/428,5
innere Wade	21,35±0,55	2,45±1,15	1,35	4,45	106,5/446
vordere Wade	20,85±0,95	4,3 ±2,95	1,5	9,65	122/511
Unterschale (Roulade)	21,75±1,1	3,2 ±1,95	0,55	6,1	116/486
Filetspitze	21,2 ±0,65	3,95±1,25	2,05	6,6	120,5/503,5
Roastbeef	22,4 ±0,85	4,45±1,8	1,55	8,85	129,5/542
dicke Schulter	20,2 ±1,35	5,3 ±2,3	2,8	8,7	128,5/538
Beinscheibe – hinten	20,3 ±1,85	7,7 ±5,9	2,5	19,3	150,5/630
Hochrippe	20,2 ±1,05	8,9 ±3,85	3,3	13,35	160,5/671
Hals	19,25±0,61	8,05±2,95	1,6	10,9	149,5/625
Blattschulter	18,75±1,2	8,45±2,05	5,3	11,7	151/632
Bürgermeisterstück	19,95±1,05	9,25±1,4	6,9	10,6	163/682
dicke Schulter – Spitze	19,4 ±1,9	9,45±5,8	3,1	18,9	162,5/680,5
Hochrippendeckel	19,4 ±1,45	10,6 ±3,7	4,15	15,0	173/724
Tafelspitz	18,15±1,05	12,25±3,3	6,75	16,2	183/765
abgedeckte Hochrippe	18,65±1,95	14,7 ±3,45	8,7	28,9	207/865,5
Mittelbrust	18,6 ±0,65	12,4 ±4,4	5,2	18,45	186/778
abgedeckte Rippe o. Kn.	17,3 ±1,45	17,05±4,3	11,0	21,0	222,5/932
Zwerchrippe	16,7 ±1,55	21,2 ±6,9	9,3	29,6	258/1 078
dünne Brust	17,0 ±1,55	20,2 ±6,5	10,85	28,05	250/1 045
Brustspitze	16,95±2,05	21,3 ±7,25	12,9	30,3	259,5/1 086
Leber[1]	20,25±0,95	2,05±0,4	1,35	2,55	121/506
Rindfleisch Durchschn.	19,7 ±1,6	8,55±5,95			156/652

[1] Leber enthält 5,3 % Glykogen (tierische Stärke)

150 g Rohware (170 kcal) erhöht sich die aufgenommene Energiemenge um 144 kcal (!).

Es ist bekannt, daß in intaktem Fleischgewebe Wasser und Fett eine sehr enge Beziehung aufweisen. Abb. **3** stellt dies am Beispiel für Schweinefleisch dar, wobei viele der einzelnen Zeichen für bis zu 10 Proben stehen. Der Korrelationskoeffizient liegt bei r = –0,99. Dies gilt in gleicher Weise für Rindfleisch.

Rindfleisch

Bei Rindfleisch, das wir in 6 und 15 Proben untersuchten (*Honikel, Wellhäuser* 1993b), ergeben sich wiederum natürliche Schwankungsbreiten, die in Abb. **4a** und **b** beim Gesamteiweiß wie beim Schweinefleisch relativ gering sind. Die Median- und auch die Mittelwerte der 10 sehr mageren Teilstücke bis zum Roastbeef (Teilstück Nr. X) in Abb. **4a** liegen in der Regel sehr nahe beeinander und zeigen einen sehr ähnlichen Eiweißwert von ca. 21 %. Im Mittel-

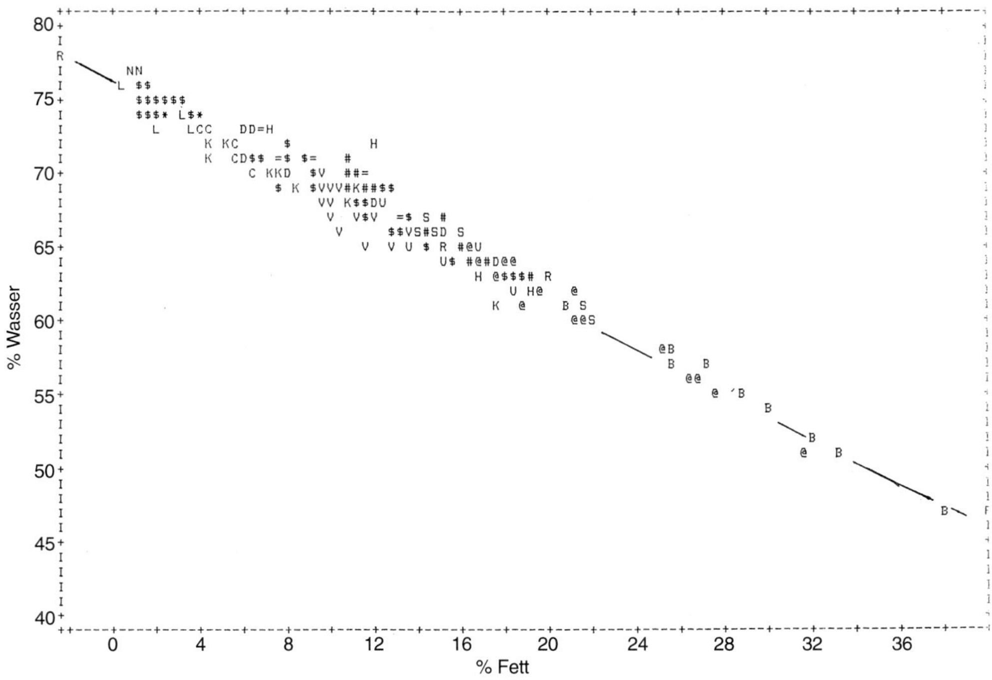

Abb. 3 Beziehung zwischen Fett- und Wassergehalt bei Schweinefleischteilstücken.

bereich bis abgedeckte Hochrippe (Nr. XXI, Abb. **4a** und **b**) liegen die Eiweißwerte im Median um etwa 19–21 %, während sie bei den fetteren Teilen, ganz rechts in Abb. **4b** ab abgedeckte Rippe (Nr. XXII) ohne Knochen, auf etwa 17 % absinken. Der über alle Teilstücke gewichtete mittlere Eiweißgehalt liegt bei 19,7 ± 1,6 % (Tab. **2**) und ist dem des Schweinefleisches ähnlich.

Beim Fettgehalt in Abb. **5a** zeigt sich, daß die ganz mageren Teilstücke – auf der linken Seite der Abb. **5a** mit Ausnahme der inneren Wade (II) – nicht nur einen geringen Fettgehalt besitzen, sondern daß auch deren Schwankungsbreite minimal ist. In Tab. **2** sind die mittleren Fettgehalte und die Minimal- und Maximalwerte angegeben, die der Fettgehalt überspannt. Mit steigendem Fettgehalt steigt auch die Schwankungsbreite. Die in Abb. **5b** ausgewiesenen Werte von über 30 % Fett sind in jedem Falle Einzelwerte, die für die Berechnung in Tab. **2** als Ausreißer eliminiert wurden. 17 der untersuchten 25 Teilstücke haben im Mittelwert unter 10 % Fett. Bei 11 Teilstücken wurden in keiner einzigen Probe mehr als 10 % Fett bestimmt. Über 15 % Fett im Mittel enthalten nur die abgedeckte Hochrippe und die Teilstücke aus dem Brustbereich. Der gewichtete mittlere Fettgehalt aller untersuchten Rindfleischteilstücke, so wie sie der Verbraucher roh kauft, liegt, wie Tab. **2** zeigt, bei 8,55 % bei einer Standardabweichung von 5,95 %.

Entsprechend dem ansteigenden Fettgehalt sinkt, ebenso wie der Proteingehalt, auch der Wassergehalt mit steigendem Fettgehalt in den Teilstücken ab. Das gleiche gilt für den Aschegehalt, der bei den mageren Teilstücken bei etwa 1,1 % liegt. Er erreicht bei den fetten Teilstücken nur noch einen Mittelwert von 0,8 %.

Berechnet man aus den in Tab. **2** festgehaltenen Mittelwerten für Eiweiß und Fett die mittleren Energiegehalte, so ist in Tab. **2** zu erkennen, daß die mageren Teile von Rolle bis innere Wade Energiegehalte von 100–110 kcal / 100 g im Rohzustand aufweisen. Der größte Teil der Teilstücke weist Energiegehalte zwischen 110 und 180 kcal / 100 g auf. Über 200 kcal / 100 g liegen nur einige wenige Teilstücke aus dem Brustbereich. Keines der Teilstücke

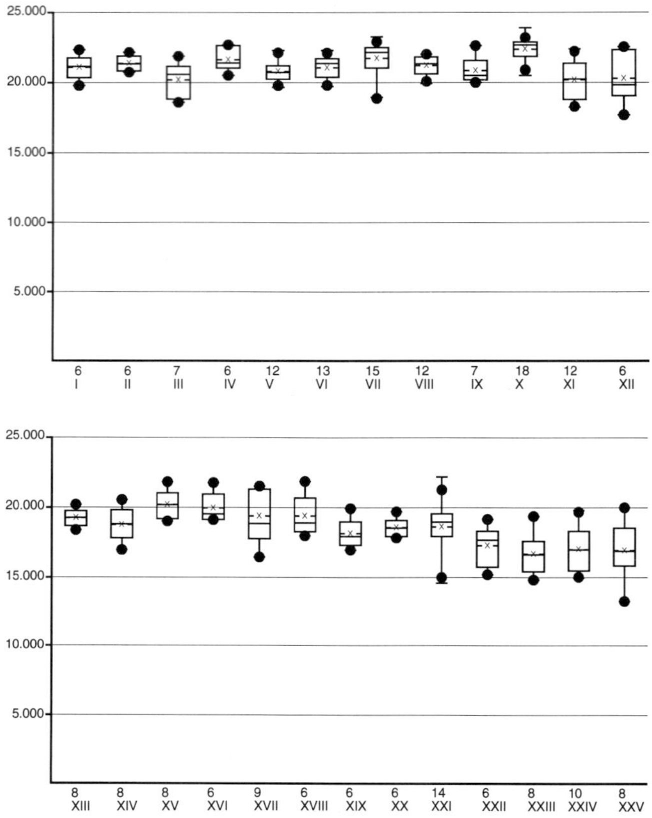

Abb. 4 a, b Eiweißgehalte der Rindfleischstücke:
Abszisse: Die arabischen Ziffern geben die Zahl der untersuchten Proben an. Die Teilstücke von links nach rechts bedeuten: I = Rolle, II = innere Wade, III = falsches Filet, IV = Oberschale, V = Nuß, VI = Hüfte, VII = Unterschale, VIII = Filetspitze, IX = vordere Wade, X = Roastbeef (M. long. dorsi kaudal), XI = dicke Schulter, XII = Beinscheibe, XIII = Hals, XIV = Blattschulter, XV = Hochrippe, XVI = Bürgermeisterstück, XVII = dicke Schulter Spitze, XVIII = Hochrippendeckel, XIX = Tafelspitz, XX = Mittelbrust, XXI = abgedeckte Hochrippe, XXII = abgedeckte Rippe ohne Knochen, XXIII = Zwerchrippe, XXIV = dünne Brust, XXV = Brustspitze.
Die Darstellung in Box-Whiskers-Plots siehe Text.

überschreitet in seinen Mittelwerten die Marke von 260 kcal / 100 g.

Wenig fetthaltig ist die Leber. Sie enthält beim Rind nur etwa 2 % Fett. Rinderleber enthält aber im Durchschnitt 5,3 % Glykogen. Einzelproben wiesen Glykogengehalte von über 9 % auf.

Geflügel

In der gleichen Größenordnung wie Rindfleischstücke liegen Hähnchen- und Putenteilstücke mit 9,6 % Fett bei Hähnchen im Mittelwert. Auch hier ist die Streubreite enorm. Hähnchenbrust ohne Haut enthält 1 % Fett, Oberkeule mit Haut hat im Mittel 15 % Fett (Tab. **3**). Im Geflügel allgemein liegt das Fettgewebe unter der Haut. Reine Muskelpartien sind recht mager mit 1 – 7 % Fett (Tab. **3** u. **4**).

Cholesterolgehalte

Das in tierischen Geweben essentielle Cholesterol liegt bei magerem Fleisch von Rind, Schwein (Abb. **6**) und Huhn und Pute bei 40 – 60 mg Cholesterol / 100 g Rohware (Tab. **5**). Mit steigendem Fettgehalt bei Rind und Schwein über 10 % Fett steigt der Gehalt auf 65 – 90 mg / 100 g, bei Geflügelteilen mit Haut auf 85 – 95 mg / 100 g Rohware.

Zusammensetzung von Fleischerzeugnissen

So wie der Fettanteil des Schweineschlachttierkörpers in den letzten 30 Jahren abnahm, wurden auch die Fleischerzeugnisse, die vor allem als Fettanteil Schweinefett verwenden, magerer. Die Fettgehalte reichen von Aspikprodukten mit Magerfleischeinlage (2 – 5 % Fett) über Brühwürste (Bierschinken, Würstchen, Gelbwurst, Bratwurst) mit 12 – 30 % Fett bis zu

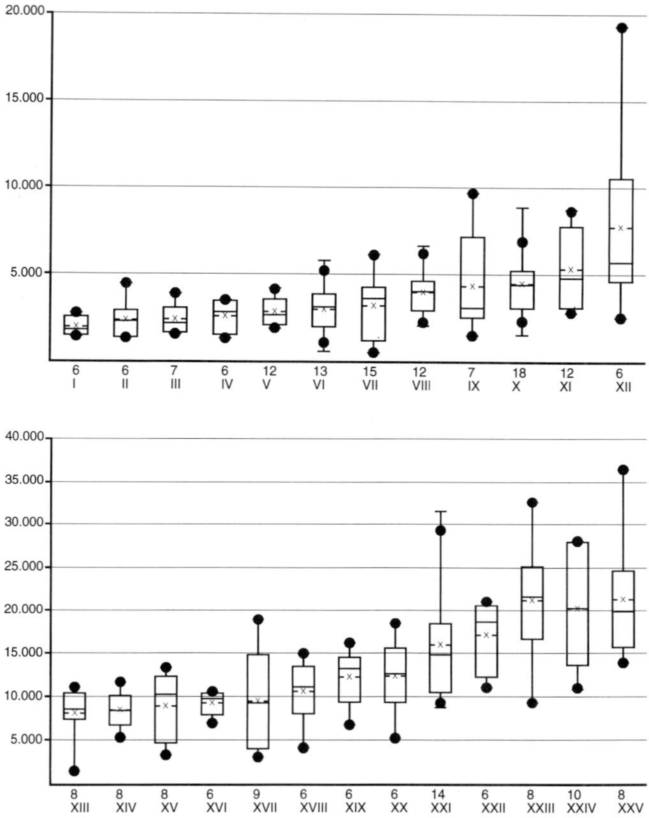

Abb. 5 a, b Fettgehalte der Rindfleischteilstücke, Darstellung und Reihenfolge wie in Abb. **4**.

Tab. 3 Inhaltsstoffe in verschiedenen Teilstücken und ganzen Brathähnchen (g bzw. kcal/kJ pro 100 g Rohware; Anzahl 10–22 Proben).

Teilstück	Eiweiß	Fett			Bindegewebe	Energiegehalt im Mittel
	x̄ ± s	x̄ ± s	min	max	x̄ ± s	kcal/kJ
ganzes Hähnchen, verzehrbarer Anteil	19,9 ± 0,65	9,6 ± 1,25	7,9	11,7	1,85 ± 0,35	166/695
Flügel mit Haut verzehrbarer Anteil	18,7 ± 0,6	11,55 ± 1,95	8,1	14,55	3,4 ± 0,5	179/748
Brust mit Haut	22,2 ± 0,55	6,2 ± 1,2	4,05	8,05	1,05 ± 0,2	145/605
Oberkeule mit Haut verzehrbarer Anteil	17,7 ± 0,9	15,1 ± 2,6	11,05	19,6	1,95 ± 0,3	207/865
Unterkeule mit Haut verzehrbarer Anteil	18,6 ± 0,55	7,3 ± 1,65	5,5	10,8	1,6 ± 2,7	140/586
Brust ohne Haut	23,95 ± 0,35	0,7 ± 0,15	0,3	1,05	0,3 ± 0,5	102/427
Oberkeule ohne Haut verzehrbarer Anteil	19,75 ± 0,6	6,45 ± 1,55	3,95	8,65	1,25 ± 0,4	137/573

Teilstück	Fett x̄±s	Eiweiß x̄±s	Bindegewebe x̄±s	Energie kcal (kJ)/100 g Mittelwert
Brustbratenstück	0,85 ± 0,35	25,0 ± 0,6	0,35 ± 0,05	108 (452)
Filet	1,0 ± 0,6	24,55 ± 0,45	0,35 ± 0,1	107 (448)
Schnitzel	1,1 ± 0,85	24,5 ± 0,95	0,5 ± 0,1	108 (452)
Flügelfleisch o. H.[a)]	3,4 ± 2,0	23,0 ± 0,45	0,5 ± 0,2	123 (513)
Oberkeule o. H.	3,5 ± 1,5	21,55 ± 0,9	1,1 ± 0,1	118 (492)
Brustrollbraten m. H.[a]	5,3 ± 1,75	23,55 ± 0,75	0,8 ± 0,1	142 (594)
Unterkeule m. H.	5,65 ± 2,2	20,35 ± 0,95	1,1 ± 0,3	132 (553)
Oberflügel m. H.	7,15 ± 1,9	21,8 ± 0,95	2,85 ± 2,2	152 (634)
Flügelfleisch m. H.	8,7 ± 2,3	23,25 ± 1,15	3,3 ± 0,85	171 (717)
Oberkeulenbraten m. H.	12,35 ± 0,85	18,45 ± 0,7	0,9 ± 0,35	185 (773)
Oberkeulenrollbraten m. H.	13,5 ± 1,75	18,7 ± 0,5	1,15 ± 0,3	195 (816)
Leber [b)]	3,2 ± 0,55	22,15 ± 0,95	0,4 ± 0,05	118 (495)

[a)] o. H. = ohne Haut; m. H. = mit Haut, [b)] ca. 1–2 % Glykogen

Tab. 4 Zusammensetzung von Puteteilstücken ohne Knochen, eßbarer Anteil (g/100 g Rohware), Anzahl 8–22 Proben.

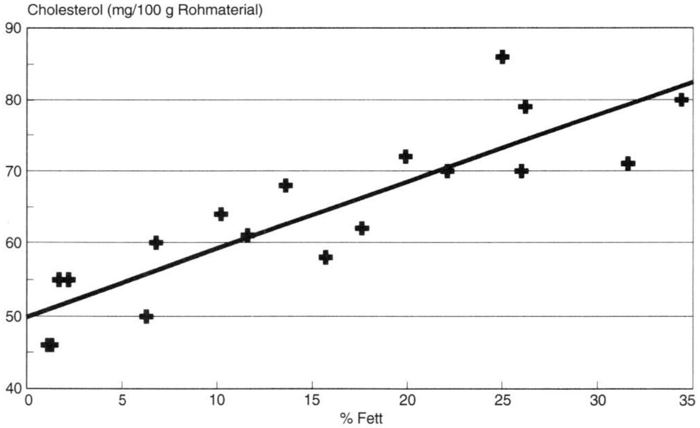

Abb. 6 Abhängigkeit des Cholesterolgehalts in Schweinefleisch vom Fettgehalt der Teilstücke.

streichfähigen Rohfleischwaren mit 45–50 % Fett. Im gewichteten Mittel enthalten Fleischwaren ca. 25 % Fett.

Eindrucksvoll kann dies am Beispiel des Bierschinkens gezeigt werden, der in den Tabellenwerken in der Regel noch mit 19 % Fett angegeben wird, in der Praxis hat er heute zwischen 10 und 13 % Fett. Ebenfalls bei den sehr fetthaltigen Fleischerzeugnissen wie den Rohfleischwaren, deren Fettgehalt durch die Abtrocknung zunimmt, ist eine ganz klare Tendenz zu wesentlich magereren Produkten zu verzeichnen. Fette Produkte mit Fettgehalten, die um oder über 50 % lagen, sind sehr selten geworden, selbst eine streichfähige Mettwurst liegt heute unter 45 % Fett im Durchschnitt. Eine Salami liegt in der Regel zwischen 30 und 35 % Fett, selten über 40 %. Während magere Fleischerzeugnisse wie Bierschinken, Sülzen oder auch Rohfleischwaren wie Mettwürste und Salami einen erheblichen Rückgang im Fettgehalt aufweisen, ist im mittleren Bereich bei der Brühwurst (Frankfurter, Wiener Würstchen, Gelbwurst oder Fleischwurst) der Rückgang nur mäßig. Diese Brühwursterzeugnisse enthalten in der Regel zwischen 20 und 30 % Fett.

Tab. 5 Cholesterolgehalte in Puten- und Hühnchenteilstücken ohne Knochen (jeweils Mittelwerte).

Teilstück	Cholesterol mg / 100 g Rohware $\bar{x} \pm s$	min	max	Fettgehalt mg / 100 g Rohware $\bar{x} \pm s$
Pute				
Brustbratenstück	42,8 ± 4,9	35,0	48,3	0,85 ± 0,35
Filet	45,1 ± 5,4	36,3	50,5	1,0 ± 0,6
Schnitzel	44,1 ± 7,8	31,3	50,3	1,1 ± 0,85
Brustrollbraten m. H.[a)]	50,8 ± 2,1	47,6	53,7	5,3 ± 1,75
Unterkeule m. H.	71,9 ± 5,1	62,2	77,7	5,65 ± 2,2
Oberflügel m. H.	60,1 ± 8,7	50,4	76,1	7,15 ± 1,9
Flügelfleisch m. H.	64,9 ± 8,0	54,8	77,9	8,7 ± 2,3
Oberkeulenbraten m. H.	78,6 ± 6,8	67,9	86,8	12,35 ± 0,85
Oberkeulenrollbraten	80,7 ± 8,1	67,9	85,7	13,5 ± 1,75
Leber	367,7 ± 13,6	347	391	3,2 ± 0,55
Hähnchen				
Brust o. H.[b)]	43,45 ± 0,15	43,2	43,6	0,7 ± 0,15
Brust m. H.	61,45 ± 4,35	55,25	67,25	6,2 ± 1,2
Oberkeule o. H.	84,0 ± 0,6	83,05	84,55	6,45 ± 1,55
Unterkeule m. H.	87,75 ± 3,95	82,45	91,35	7,3 ± 1,65
Flügel m. H.	95,3 ± 3,55	93,05	100,7	11,5 ± 1,95
Oberkeule m. H.	84,65 ± 5,1	79,95	93,35	15,1 ± 2,6

[a)] m. H. = mit Haut, [b)] o. H. = ohne Haut

Zusammenfassung

Die bundesweit durchgeführten Analysen von verbrauchergerecht zugeschnittenen Schweinefleisch-, Rindfleischteilstücken bei Fachgeschäften und Geflügelfleischteilstücken aus Schlacht- und Zerlegebetrieben zeigen, daß entgegen der weitverbreiteten Ansicht Fleisch mager ist. Es ließen sich bei Auswertung nach Regionen keine Unterschiede zwischen Nord- und Süddeutschland oder großen und kleinen Städten erkennen. Die für Frischfleischstücke ausgewählten Schlachttierkörper scheinen bundesweit eine sehr ähnliche Zusammensetzung zu besitzen.

Alles in allem stehen dem deutschen Verbraucher täglich 170–180 g Fleisch inkl. Fleischerzeugnisse, die ca. 36 g Eiweiß und 36 g Fett liefern, als Fleischrohware bzw. verzehrfertiges Fleischerzeugnis zur Verfügung (*Honikel* 1992). Da Fleisch eine Reihe von B-Vitaminen und wichtige Mineralstoffe in höheren Konzentrationen enthält, ist Fleisch mit 100 bis 330 kcal / 100 g und einem mittleren Energiegehalt von ca. 180 kcal (750 kJ) / 100 g ein nährstoffdichtes Lebensmittel und gehört als Bestandteil zu einer ausgewogenen Ernährungsweise. Fleischerzeugnisse reichen von 100 kcal (420 kJ) / 100 g bis 500 kcal (2100 kJ) / 100 g und besitzen im Mittel ca. 260 kcal (1090 kJ) / 100 g verzehrfertige Ware.

Der deutsche Verbraucher nimmt somit ca. 430 kcal (1800 kJ) an Energie durch Fleisch inkl. Fleischerzeugnisse täglich zu sich. Dies sind ca. 20 % der empfohlenen Energieaufnahme.

Literatur

Honikel, K. O.: Fleisch- und Fleischfettverzehr. Fleischwirtsch. 72 (1992) 1145

Honikel, K. O., R. Wellhäuser: Zusammensetzung verbrauchergerecht zugeschnittener Schweinefleischstücke. Fleischwirtsch. 73 (1993a) 863

Honikel, K. O., R. Wellhäuser: Zusammensetzung verbrauchergerecht zugeschnittener Rindfleischstücke. Fleischwirtsch. 73 (1993b) 1051

Der Beitrag von Fleisch zur Spurenelement-, Elektrolyt- und Mineralienversorgung des Menschen in der Bundesrepublik Deutschland unter besonderer Berücksichtigung von Selen

O. Oster

Die Bedeutung der essentiellen Mikronährstoffe (Vitamine, Spurenelemente) für die Ernährung des Menschen ist allgemein anerkannt. Allgemein anerkannt ist auch, daß die Gefahr der Mangelversorgung mit einem essentiellen Mikronährstoff dann besteht, wenn ein essentieller Mikronährstoff nicht oder in nicht genügender Menge in einem der sog. Hauptnahrungsmittel vorhanden ist. In Europa gehört Fleisch zweifelsfrei zu den Hauptnahrungsmitteln. Im vorliegenden Bericht soll zusammengefaßt werden, welche Nahrungsmittel zur Spurenelement-, Elektrolyt- und Mineralienversorgung des Bundesbürgers beitragen. Da der Bericht Fleisch in den Mittelpunkt seiner Betrachtungen stellt, wird detailliert der Beitrag von Fleisch zur Elementversorgung des Bundesbürgers herausgestellt.

Zur Kenntnis der Elementgehalte im Fleisch sind die Elementgehalte von Schweine- und Rindfleisch in Tab. **1** zusammengefaßt. Daraus ist ersichtlich, daß Rindfleisch signifikant mehr Eisen und vor allem Zink enthält, während Schweinefleisch nahezu doppelt soviel Selen enthält wie Rindfleisch. Auch Hühnerfleisch enthält deutlich mehr Selen als Rindfleisch, wie aus Tab. **2** zu ersehen ist. Der Selengehalt von Schweinefleisch (118 ± 20 µg Selen/kg) weist eine deutlich geringere Variationsbreite auf als der von Rindfleisch (58 ± 22 µg Selen/kg).

Offensichtlich drückt sich die unterschiedliche Art der Haltung und Fütterung des Schweines im Vergleich zum Rind im Selengehalt des Fleisches aus. Die Schweinemast ist von der Fütterung her ein relativ standardisiertes Verfahren. Das gilt ebenso für die Hühnermast. Rinder werden noch häufig auf der Weide großgezogen und größtenteils mit selbst erzeugtem Futter bis zur Schlachtreife gefüttert. Der Selengehalt des Bodens trägt zur nutritiven Selenaufnahme des Rindes sicher stärker bei als bei den fast ausschließlich im Stall gezogenen Schweinen. Die Fütterungsbestimmungen in der Bundesrepublik erlauben die Addition von 500 µg Selen pro Kilogramm Futter in Form von Selenit oder Selenat. Selen wird in der Regel zum Kraftfutter gegeben. Schweine erhalten wesentlich mehr Kraftfutter als Rinder. Interessant ist auch, daß Schweinefleisch eine ähnliche Selenkonzentration aufweist wie der Skelettmuskel des Menschen (111 ± 17 µg Selen/kg) (1). Der hohe Selengehalt von Hühnerfleisch und dem Ei (Tab. **2**) ist wahrscheinlich auch auf die Addition von Selen zum Hühnerfutter zurückzuführen. Deutlich niedrigere Selengehalte werden aus der ehemaligen DDR berichtet, sowohl für Schweinefleisch (14 µg/kg) als auch für Rindfleisch (33 µg/kg) und Hühnerfleisch (59 µg/kg) (2). Das mag daran liegen, daß in der ehemaligen DDR ein Zufüttern von Selenverbindungen mit Kraftfutter nicht stattfand (persönliche Mitteilung von *Anke M.*) (1). Erstaunlich ist der niedrige Gehalt von Selen im Schweinefleisch aus der ehemaligen DDR (fast um den Faktor 10), verglichen mit dem aus der Bundesrepublik. Etwa nur die Hälfte des Selengehaltes von Rindfleisch findet sich im Schweinefleisch. Unter Fütterungsbedingungen, die keine Addition von Selenverbindungen zum Futter erlauben, scheint Rindfleisch mehr Selen zu enthalten als Schweinefleisch. In der Schweiz findet ebenfalls keine Selensupplementation des Tierfutters statt, was sich im vergleichsweise niedrigen Selengehalt von Fleisch zeigt (3). Inwieweit die Fütterungsbedingungen, insbesondere die Addition von Spurenelementen, die Elementgehalte auch der anderen Elemente außer Selen beeinflussen, ist nicht systematisch abgeklärt.

In Tab. 2 sind die Selengehalte von Fleisch und Wurstwaren denen der anderen Lebensmittel gegenübergestellt. Nahrungsmittel mit einem hohen Selengehalt sind demnach das Ei, Fisch und Fleisch. Brot und Backwaren enthalten deutlich weniger Selen als Fleischwaren. Obst und Gemüse enthalten sehr wenig Selen.

Tab. 1 Elementgehalte im Schweine- und Rindfleisch (Rücken) aus dem Jahre 1991, in Mainz gesammelt, n = 21; in Klammer ist der Median angegeben.

	Schweinefleisch		Rindfleisch	
	Mittelwert + SD	Vertrauensbereich	Mittelwert + SD	Vertrauensbereich
Eisen[1] (mg/kg)	21,8 ± 0,8 (19,9)	15,0 – 37,3	29,3 ± 0,4 (29,8)	25,0 – 38,2
Zink[1] (mg/kg)	28,7 ± 11,4 (24,7)	21,0 – 36,3	53,4 ± 12,6 (51,1)	44,5 – 62,4
Kupfer (mg/kg)	0,94 ± 11,4 (0,86)	0,73 – 1,16	0,86 ± 0,23 (0,81)	0,70 – 1,03
Selen[1] (µg/kg)	117,5 ± 20,3 (114,2)	103,9 – 131,2	58,3 ± 21,7 (48,2)	42,8 – 73,9
Magnesium (mg/kg)	288 ± 28 (285)	270 – 306	284 ± 26 (282)	265 – 303
Kalzium (mg/kg)	29,3 ± 10,4 (26,4)	22,5 – 36,5	31,4 ± 12,6 (28,1)	22,5 – 40,1
Kalium (mg/kg)	4 368 ± 340 (4 344)	4 141 – 4 595	4 188 ± 379 (4 156)	3 918 – 4 461

[1] signifikante Unterschiede zwischen Schweine- und Rindfleisch < 0,05

Auf der Basis dieser Daten wurde die durchschnittliche tägliche Selenaufnahme für den erwachsenen Bundesbürger mit 38 µg/die für die Frau und 47 µg/die für den Mann geschätzt (1, 4, 5). Auf das Körpergewicht bezogen, nehmen Mann und Frau 0,67 µg pro Kilogramm Körpergewicht pro Tag auf. Diesen Schätzungen lagen die Verzehrsgewohnheiten aus dem Ernährungsbericht der DGE aus dem Jahre 1984 (6, 7) zugrunde, und es wurden die Angaben für junge und ältere Personen gemittelt.

In der in Tab. **3** ermittelten nutritiven täglichen Selenaufnahme für junge Frauen und Männer (Alter 18 – 24 Jahre) waren die Verzehrgewohnheiten aus der VERA-Studie aus dem Jahre 1987/88 (8) die Basis. Daraus ergibt sich die Differenz zwischen der in diesem Beitrag ermittelten täglichen Selenaufnahme und der bereits früher berichteten täglichen Selenaufnahme (1, 4, 5). Fleisch und Wurstwaren tragen ca. 35 % zur Gesamtselenaufnahme bei (Abb. **1**) (1, 4, 5). Die Selenaufnahme des Bundesbürgers ist insgesamt wegen der hohen Selengehalte von Ei, Fisch und Fleisch mit ca. 65 % mit proteinreicher Nahrung assoziiert (Abb. **2**). Würde die Addition von Selen zum Tierfutter nicht stattfinden, so würde der Bundesbürger ca. 12 – 15 µg Selen weniger pro Tag aufnehmen. Insgesamt ist die Selenaufnahme des Bundesbürgers niedrig, vor allem, wenn man sie mit anderen Industrienationen, wie z. B. mit den USA, Kanada oder Japan, vergleicht (1). Die für die USA empfohlene nutritive Selenaufnahme von 1 µg Selen pro kg Körpergewicht (10) wird von ca. 70 % der Bundesbürger nicht erreicht. Die niedere Selenaufnahme des Bundesbürgers im internationalen Vergleich drückt sich auch in niederen Serum-, Vollblut-, Urin-, Haar- und Organselenkonzentrationen des Bundesbürgers aus (1).

In Tab. **3** ist die Aufnahme der Elemente über die Nahrung für die Frau und den Mann (Alter 18 – 24 Jahre) zusammengefaßt. Die in Tab. **3** zusammengefaßten Daten beschränken sich auf die junge Frau und den jungen Mann im Alter von 18 – 24 Jahren. Diese Einschränkung erschien sinnvoll, besondes in bezug auf die junge Frau, da sie mit zu den Risikogruppen einer ungenügenden Elementversorgung zählt. Die junge Frau zählt zu den Risikogruppen mit einer ungenügenden Elementversorgung wegen der Verluste während menstrualer Blutungen, vor allem den Verlust von Eisen, aber auch anderer Elemente bei Vorkommen von Hypermenorrhöen. Ein weiterer Grund, warum die junge Frau unter dem Gesichtspunkt der nicht genügenden Elementversorgung Beachtung finden muß, ist die Möglichkeit der Schwangerschaft, bei der die notwendige Elementversorgung über die Nahrung oft nicht ausreicht (Tab. **3**). Zu erwähnen ist auch das oft außerordentlich strikte Diätverhalten von jungen Frauen, um dem „Schlanksein" als Schönheitsideal zu entsprechen. Andere, sich auf junge Frauen konzentrierende Eßverhalten, die zu Mangel an Elementen in der Nahrung führen können, sind die Anorexia nervosa sowie die Bulimie.

Als Berechnungsgrundlage für die Aufnahme der Elemente über die Nahrung dienten Daten des Lebensmittelverzehrs aus den Jahren 1987/88 aus der VERA-Schriftenreihe Band III (8) und in bezug auf die Elementgehalte der Lebensmittel, die Daten für Eisen, Zink, Kupfer, Magnesium, Kalzium, Kalium, Phosphor aus dem Bundeslebensmittelschlüssel (9). Die Daten für die Selengehalte der Nahrungsmittel wurden aus Literaturzitat (1), die Aufnahme von Jod mit der Nahrung aus Literaturzitat (23) entnommen. Den mit der Nahrung aufgenommenen Elementmengen sind in Tab. **3** die Empfehlungen aus den USA (National Research Council) (10) und der Bundesrepublik (DGE) (11) gegenübergestellt.

Die in Tab. **3** ermittelte nutritive Aufnahme der Elemente stimmt für Eisen gut mit der von *Arab-Kohlmeier* (12) ermittelten Eisenaufnahme überein, als auch mit denen aus der VERA-Studie (8). Für Zink, Kupfer, Magnesium, Kalzium, Kalium, Phosphor wird Übereinstimmung mit den Daten aus der VERA-Studie (8) gefunden. Entsprechend den Empfehlungen der WHO (13) werden zur Zeit zwei grundsätzliche Verfahren zur Ermittlung der Aufnahme von Mengen- und Spurenelementen eingesetzt:

- Zum einen sind die Kalkulationsverfahren zu nennen, wobei die Kenntnis repräsentativer Verzehrdaten der einzelnen Lebensmittel und die Kenntnis des Gehaltes der Elemente in den Lebensmitteln notwendig ist.
- Eine andere anerkannte Methode, die Elementaufnahme des Menschen zu bestimmen, ist die Duplikatmethode, auch „double portion technique" genannt, bei der eine zweite, der tatsächlich aufgenommenen Nahrung äquivalente Nahrungsmenge auf ihren Gehalt an interessierenden Elementen untersucht wird.

Müller und *Anke* et al. (14,15) haben deutliche Unterschiede zwischen den beiden Methoden ermittelt und fanden in der Regel für die Duplikatmethode eine deutlich niedrigere Elementaufnahme als für das Kalkulationsverfahren (14–23). Das ist für die in Tab. **3** aufgeführten Elementangaben zu berücksichtigen. In Tab. **3** sind die bestimmten Elementaufnahmen

Tab. 2 Selengehalt von Lebensmitteln in der Bundesrepublik (µg/kg) (1,5).

Nahrung	Selengehalt	Bereich
Fleisch		
Schwein (Rücken)	117,5 ± 20,4	89–146
Rind (Rücken)	58,3 ± 21,7	20–83
Hähnchen (Brust)	174/216	
Wurst		11–8
Leberwurst	53,5/59,6	
Blutwurst	10,5/15,1	
Fleischwurst	44,3/49,2	
Schinkenwurst	73,7/80,6	
Ei (gekocht)		
Eiklar	101,6 ± 35,4	58–138
Eigelb	368,2 ± 87,9	233–475
Brot		
Brötchen (weiß)	12,5/15,0	
Weißbrot	20,0	
Weizenmischbrot	18,9 ± 4,4	12,5–25 0
Roggenmischbrot	14,4 ± 1,9	12,5–17 0
Vollkornbrot (Bäck.)	17,9	
Vollkornbrot (Liek.)	73,9/84/1	
Mehl		
Mehl (Bäcker)	25,0	
Mehl (Diamant)	22,5	
Fisch		
Kabeljau	168/368	
Rotbarsch	368/433	
Scholle	171/187	
Schellfisch	225/313	
Forelle	115/125	
Kartoffel	5/5	
Nudeln		
Spaghetti	45	
Nudeln (3 Glocken)	48/54	
Frischkäse		
Quark (mager)	35/41	
Jocca	37	
Milch (Frischmilch)	7,2 ± 2,8	
Wasser (Leitungswasser; Mainz)	< 2	

Tab. 3 Tägliche Elementaufnahme für junge Frauen und Männer (18–24 Jahre), basierend auf den Verzehrdaten der VERA-Schriftenreihe Band III (8) und den Elementgehalten aus dem BLS (9), verglichen mit den Empfehlungen aus den USA (National Research Council) (10) und der Bundesrepublik Deutschland (DGE) (11).

	Elementaufnahme pro Tag		Empfehlungen der Elementaufnahme pro Tag	
Element	Frauen	Männer	BRD	USA
Eisen (mg)	11,4 9,4 D	16,2 12 D (16)	12 m 15 w 30 Schwangere 20 Stillende	10 m 15 w 30 Schwangere 15 Stillende
Zink (mg)	9,7 8,0 D	13,4 9,8 D (17)	15 m 12 w 15 Schwangere 22 Stillende	15 m 12 w 15 Schwangere 19 Stillende
Kupfer (mg)	1,6 0,91 D	2,2 1,1 D (18)	1,56–3,0 m/w	1,6 m/w
Selen[1] (µg)	28	40 (1,4)	20–100 m/w	70 m[1] 63 w[1] 65 Schwangere 75 Stillende
Magnesium (mg)	303 211 D	413 259 D (19,20)	350 m 300 w 300 Schwangere 375 Stillende	350 m 280 w 320 Schwangere 355 Stillende
Kalzium (mg)	510 500 D	684 644 D (21)	1 000 m/w 1 200 Schwangere 1 300 Stillende	1 200 m/w 1 200 Schwangere 1 200 Stillende
Kalium (g)	2,5	3,3	2,0 m/w	2,0 m/w
Phosphor (mg)	1 340 784 D	1 807 1 046 D (22)	1 500 m/w 1 600 Schwangere 1 700 Stillende	1 200 m/w
Jod (µg)	38–58 D	50–77 D (23) 230 Schwangere	200 m/w 175 Schwangere 260 Stillende	150 m/w 200 Stillende

m = männlich; w = weiblich; D = mit der Duplikatmethode bestimmt
[1] National Research Council, 1 µg Se/kg Körpergewicht pro Tag (10)

pro Tag nach der Duplikatmethode zur Kenntnisnahme mit aufgeführt. Sie liegen in der Regel deutlich unter den berechneten Werten und den Empfehlungen.

Auffällige Diskrepanzen zwischen der nutritiven Elementaufnahme und den Empfehlungen ergeben sich vor allem bei der Eisenaufnahme der jungen Frau sowie der Jod-, Kalzium-, Zink- und Selenaufnahme der Frau und des Mannes. Bei der Frau werden die Differenzen zwischen der tatsächlichen Elementaufnahme und dem Bedarf besonders deutlich, wenn man die Zeiten der Schwangerschaft und des Stillens miteinbezieht, wie in Tab. **3** aufgezeigt.

In den Abb. **1**, **3**, **5–10** ist graphisch dargestellt, welchen Anteil die einzelnen Nahrungsmittel zur Gesamtaufnahme der Elemente beitragen. Wegen der Übersichtlichkeit sind hier Lebensmittelgruppen zusammengefaßt, so enthält die Bezeichnung Fleisch und Wurst auch die Fleischwaren. Unter der Bezeichnung Getränke verbergen sich alkoholische Getränke (Bier, Wein) und nichtalkoholische Getränke (Wasser, Mineralwasser, Fruchtsäfte, etc.), aber

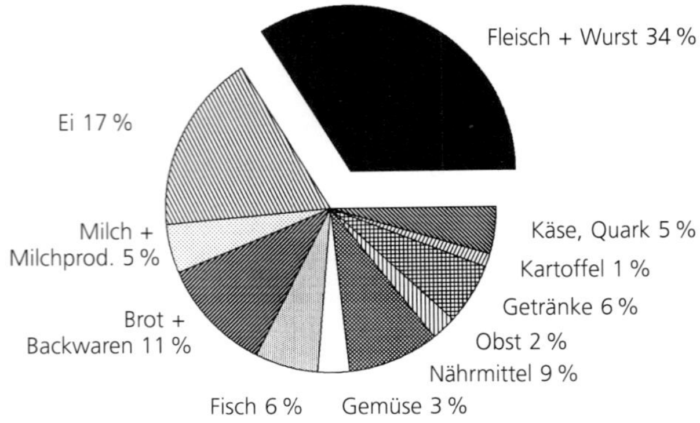

Abb. 1 Verteilung der Selenaufnahme auf die einzelnen Nahrungsmittel für die Frau (18–24 Jahre). Gesamtselenaufnahme pro Tag 28 μg.

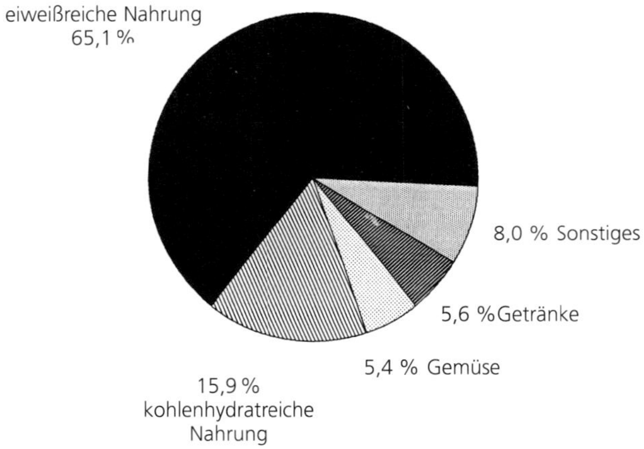

Abb. 2 Verteilung der nutritiven Selenaufnahme auf protein- und kohlenhydratreiche Nahrung.

auch Kaffee und Tee. Obst enthält auch die Obstprodukte und Gemüse die Gemüseprodukte.

Es ist eindeutig feststellbar, daß Fleisch und Wurstwaren den wesentlichen Beitrag zur nutritiven Versorgung des Bundesbürgers mit Eisen, Zink und Selen leisten. Der Beitrag von Fleisch zur Eisenversorgung des Menschen wird noch deutlicher, wenn man berücksichtigt, daß die Resorption von Eisen im Darm einem komplexen Mechanismus unterliegt und im wesentlichen bestimmt wird durch die Eisenspeicher des Menschen, der Menge des Eisens, das mit der Nahrung aufgenommen wird, und der Art des mit der Nahrung aufgenommenen Eisens sowie mit der Nahrung aufgenommener, mit der Eisenresorption interferierender Nahrungsbestandteile.

Eisen kommt in der Nahrung in zwei verschiedenen Formen als anorganisches Eisen (Nicht-Hämeisen) und als Hämeisen vor, die sich in ihrer Resorptionsfähigkeit und den Resorptionsmechanismen im Darm deutlich unterscheiden (24,25). Während anorganisches Eisen in allen Lebensmitteln in unterschiedlicher Konzentration vorkommt, kommt Hämeisen ausschließlich in Fleisch, Fisch und Geflügel vor. Der Anteil an Hämeisen im Fleisch wird mit durchschnittlich 40 % angegeben. Hämeisen wird deutlich besser resorbiert als Nicht-Hämeisen und zwar in Abhängigkeit von den Eisenspeichern des Individuums mit ca. 15–35 % (26). Nicht-Hämeisen macht den größeren Anteil des Eisens in der Nahrung aus und wird, je nachdem, wie die Eisenspeicher gefüllt sind, zwischen 2 und 20 % resorbiert.

Zum anderen ist zu bedenken, daß die Resorption von Nicht-Hämeisen im Darm nicht nur durch die Eisenspeicher des Individuums sondern auch durch andere Nahrungsfaktoren

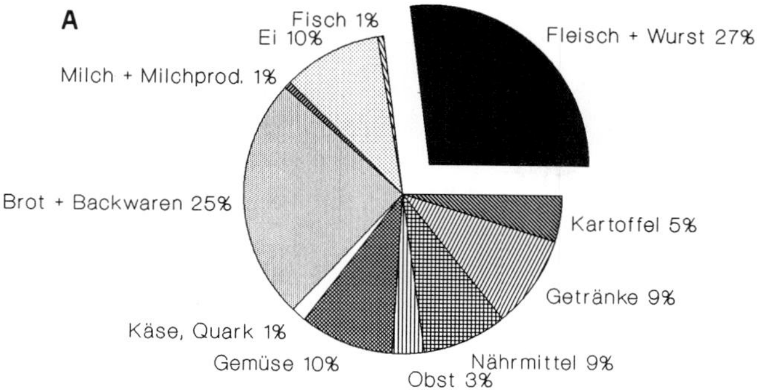

Abb. 3 a Verteilung der nutritiven Eisenaufnahme der Frau (18–24 Jahre) auf die einzelnen Nahrungsmittel. Gesamteisenaufnahme 11,4 mg pro Tag.

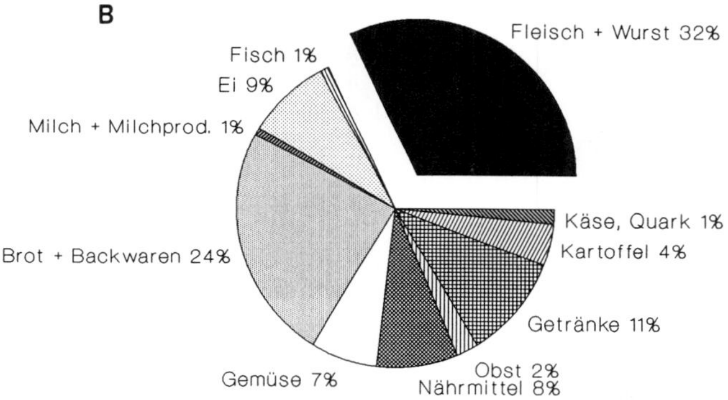

Abb. 3 b Verteilung der nutritiven Eisenaufnahme des Mannes (18–24 Jahre) auf die einzelnen Nahrungsmittel. Gesamteisenaufnahme 16,2 mg pro Tag.

deutlich beeinflußt wird, während die Resorption von Hämeisen keinem Einfluß durch Nahrungsfaktoren unterliegt:

- Einen negativen Einfluß auf die Resorption von Nicht-Hämeisen haben Kalzium, Phosphat, Weizenkleie, Phytate, Oxalate, Ballaststoffe, Tannine, schwarzer Tee und Kaffee (Tee stärker als Kaffee) in der Nahrung (11).
- Folgende Medikamente beeinflussen die Eisenresorption negativ, z. B. Aspirin (Salizylate), Antazida, Ionenaustauscher, Clofibrate (26).
- Die Zusammensetzung der Nahrung kann die Resorption von Nicht-Hämeisen in der Nahrung bis zu einem Faktor von 10 beeinflussen (27). Nahrungsfaktoren, die einen positiven Einfluß auf die Resorption von Nicht-Hämeisen haben, sind einige organische Säuren, vor allem Vitamin C, und die Anwesenheit von Fleisch, Fisch oder Geflügel in der Nahrung (24, 26).

Monsen et al. (24) haben ein Modell zur Berechnung der im Darm resorbierten Menge von Eisen aus der Nahrung entwickelt. In diesem Modell wird berücksichtigt, ob die Nahrung reich an Vitamin C ist und ob die Nahrung Fleisch enthält. Um die resorbierbare Menge Eisen aus der Nahrung nach dem Modell von *Monsen* et al. zu berechnen, ist die Kenntnis des Gehaltes der Nahrung an Nicht-Hämeisen und Hämeisen notwendig.

- Die Menge von Hämeisen errechnet sich aus der Kenntnis der Menge Fleisch und dessen Eisengehalt und der Annahme, daß, wie schon erwähnt, ca. 40 % des Eisens im Fleisch Hämeisen ist; der Rest ist Nicht-Hämeisen.
- Die Menge an Nicht-Hämeisen errechnet sich aus der Menge der einzelnen Lebensmittel, die mit der Nahrung aufgenommen wurde und der Kenntnis des Eisengehaltes der Lebensmittel.
- Bei der Berechnung der Resorption von Eisen im Darm, wie in den Graphiken präsentiert (Abb. 4 **a**, **b**), wurde eine Resorption des Hämeisens mit 25 % angenommen, entsprechend 500 mg an Eisenspeichern (24, 26).

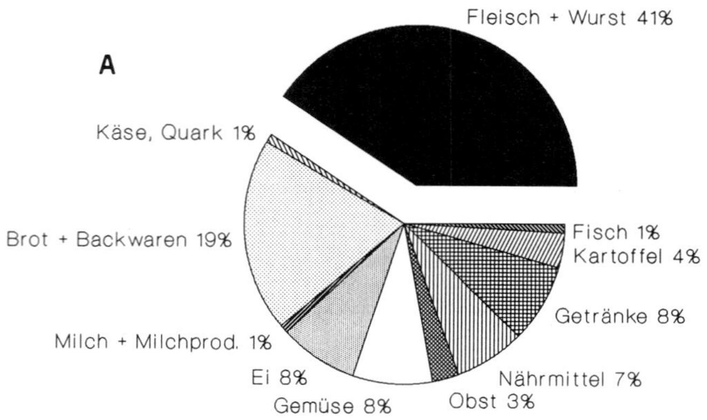

Abb. 4a Verteilung des im Darm resorbierten Eisens bei der Frau auf die einzelnen Nahrungsmittel. Bei einer Gesamteisenaufnahme von 11,4 mg pro Tag werden 1,18 mg resorbiert.

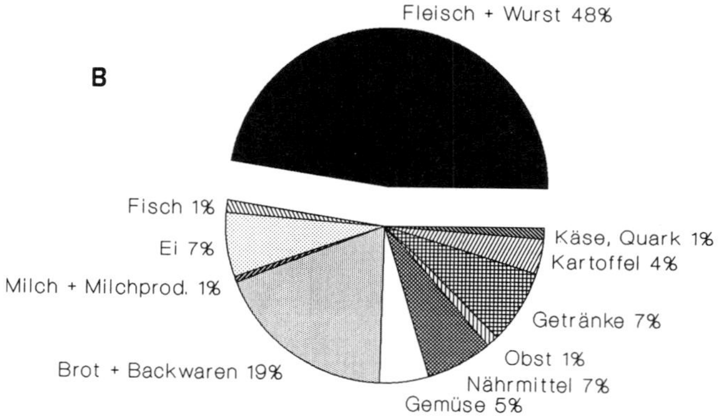

Abb. 4b Verteilung des im Darm resorbierten Eisens bei dem Mann auf die einzelnen Nahrungsmittel. Bei einer Gesamteisenaufnahme von 16,2 mg pro Tag werden 1,62 mg resorbiert.

Die Hämeisenresorption ist unabhängig von der Art der Nahrung, ein wenig abhängig von der Menge des angebotenen Hämeisens und nur abhängig von den Eisenspeichern. Als Resorptionsrate für Nicht-Hämeisen wurde für die Berechnung, auf der die Graphiken (Abb. 4**a**, **b**) basieren, 8 % eingesetzt, unter der Annahme, daß unsere Nahrung insgesamt Vitamin-C-reich ist und Fleisch einschließt. Die Annahme, daß 8 % des Nicht-Hämeisens resorbiert werden, ist sicher eine hohe Resorptionsquote, da nicht allgemein davon ausgegangen werden kann, daß die Nahrung in der Bundesrepublik Vitamin-C-reich ist und Fleisch enthält und noch dazu von interferierenden Nahrungsbestandteilen bei der Nicht-Hämeisenresorption frei ist. Zum anderen ist zu berücksichtigen, daß man nicht allgemein davon ausgehen kann, daß die Eisenspeicher mit 500 mg Eisen gefüllt sind. Bei geringeren Eisenspeichern würde die Resorption steigen. Für eine ausführliche Berechnung der Eisenresorption aus der Nahrung sei auf die Publikationen von *Monsen* et al. (24) verwiesen.

Es errechnet sich für die tägliche Eisenresorption im Darm für die 18- bis 24jährige Frau eine Menge von 1,18 mg und für den 18- bis 24jährigen Mann von 1,62 mg, das sind fast genau 10 % des gesamten mit der Nahrung aufgenommenen Eisens. Diese Aussage gilt für eine gemischte Kost. In der Abb. 4**a**, **b** ist aufgezeigt, zu welchen Anteilen das resorbierte Eisen aus welchen Lebensmitteln kommt. Es ist festzustellen, daß ca. 41 % des resorbierten Eisens bei der jungen Frau und ca. 48 % beim jungen Mann aus Fleisch sowie Fleisch- und Wurstwaren stammen. Damit ist Fleisch und Wurst von den Nahrungsbestandteilen der Teil, der am meisten zur Eisenversorgung des Bundesbürgers beiträgt. Wurst kann, wenn Leber- oder Blutwurst beim Verzehr wegen deren hohem Gehalt an Eisen dominieren, deutlich zur Eisenversorgung beitragen und über der von Fleisch liegen.

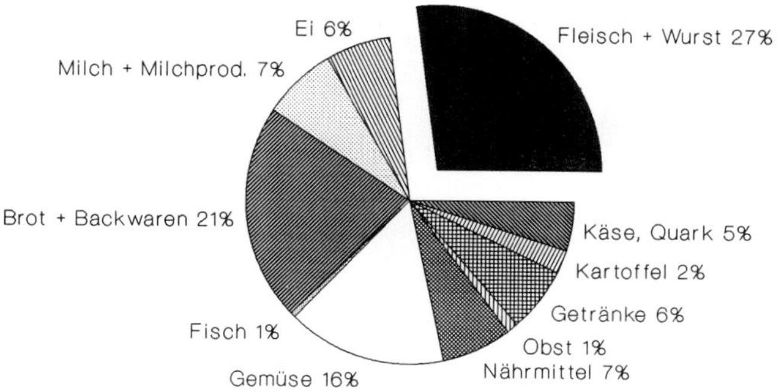

Abb. 5 Verteilung der Zinkaufnahme auf die einzelnen Nahrungsmittel für die Frau (18–24 Jahre). Gesamtzinkaufnahme pro Tag 9,7 mg.

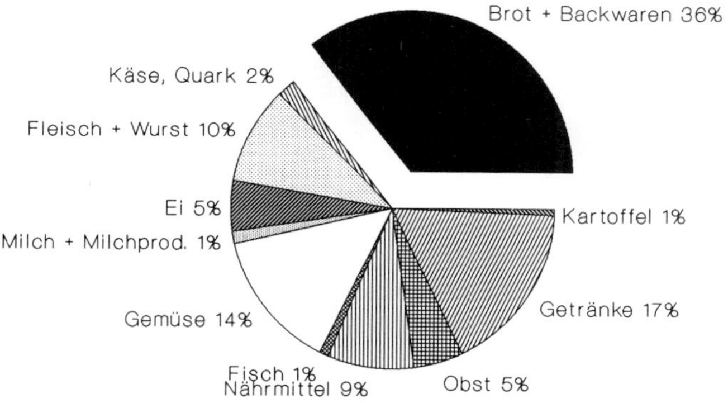

Abb. 6 Verteilung der Kupferaufnahme auf die einzelnen Nahrungsmitel für die Frau (18–24 Jahre). Gesamtkupferaufnahme pro Tag 1,6 mg.

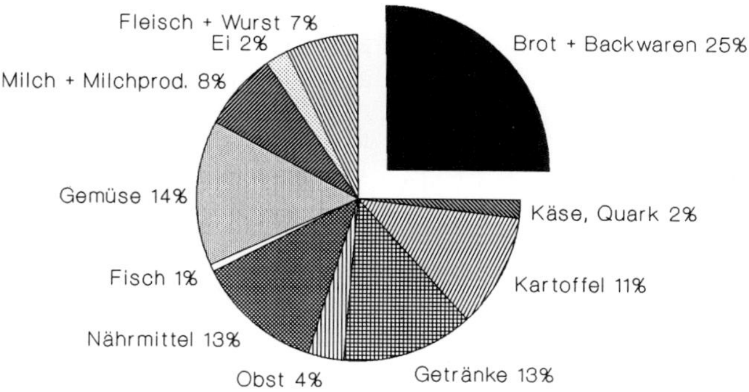

Abb. 7 Verteilung der Magnesiumaufnahme auf die einzelnen Nahrungsmittel für die Frau (18–24 Jahre). Gesamtmagnesiumaufnahme 303 mg pro Tag.

Die geschätzte Menge Eisen, die täglich resorbiert werden sollte, um den Eisenbestand des Organismus aufrechtzuerhalten, wird für die menstruierende Frau mit ca. 1,4 mg pro Tag und für den Mann mit ca. 1,1 mg angegeben (28, 29). Vergleicht man die täglich errechnete mittlere Eisenresorption der jungen Frau von 1,18 mg mit dem Bedarf von 1,4 mg, so ist ein Defizit von ca. 0,22 mg Eisen pro Tag festzustellen. Nimmt man an, daß dieses Defizit durch die Eisenpools des Körpers kompensiert wird, so errechnet sich (bei einer Annahme des mittleren Eisenpools von 500 mg bei der Frau), daß die Eisenpools der Frau in ca. 2300 Tagen, also in ca. 6–7 Jahren, erschöpft sind.

Für den jungen Mann ergibt sich dieses Defizit nicht, es ist im Gegenteil ein Angebot an Eisen vorhanden, das über dem liegt, was tatsächlich zur Aufrechterhaltung des Körperpools notwendig ist. Die Eisenpools der jungen Frau, sollten sie vor Beginn der Menstruation mit ca. 14 Jahren gefüllt sein und ca. 500 mg betragen haben, erschöpfen sich also in einem Alter zwischen 20 und 25 Jahren, in denen die

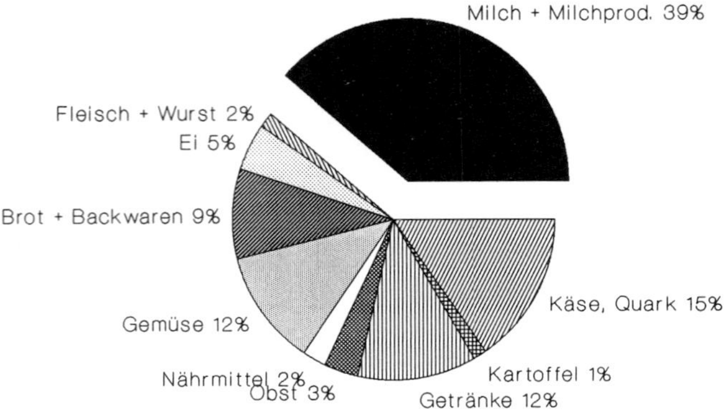

Abb. 8 Verteilung der Kalziumaufnahme auf die einzelnen Nahrungsmittel für die Frau (18–24 Jahre). Gesamtkalziumaufnahme 510 mg pro Tag.

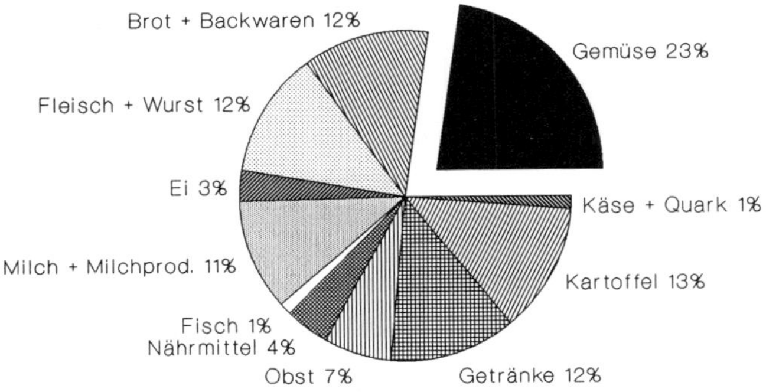

Abb. 9 Verteilung der Kaliumaufnahme auf die einzelnen Nahrungsmittel für die Frau (18–24 Jahre). Gesamtkaliumaufnahme 2,5 g pro Tag.

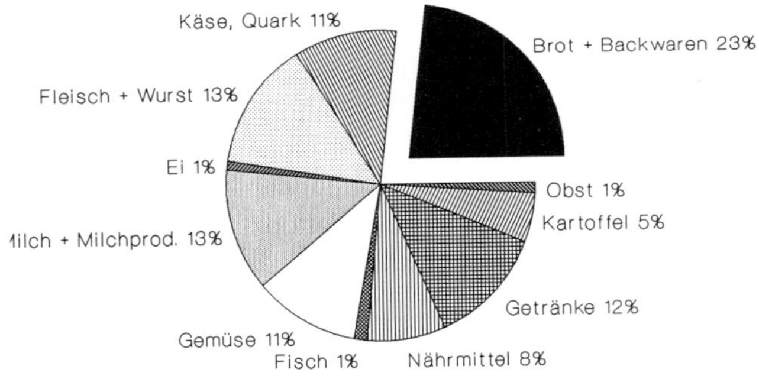

Abb. 10 Verteilung der Phosphoraufnahme auf die einzelnen Nahrungsmittel für die Frau (18–24 Jahre). Gesamtphosphoraufnahme 1 340 mg pro Tag.

meisten Frauen ihr erstes Kind erwarten; sind die Eisenpools geringer, erschöpfen sie sich natürlich früher. Die tägliche Eisenaufnahme der jungen Frau kann somit die menstrualen Eisenverluste der Frau, die mit ca. 0,5 mg pro Tag (28) angegeben werden, nur eingeschränkt kompensieren. Die täglichen Eisenverluste des Mannes als auch der nicht menstruierenden Frau werden mit ca. 1 mg pro Tag über Nieren, Faeces und Haut angegeben. Die für die menstruierende Frau ermittelten Verluste gelten für normale Blutverluste (30–70 ml pro Menses) während der Menstruation. Bei erhöhten Blutverlusten während der Menustruation wird die Eisenbilanz der Frau natürlich noch ungünstiger.

Fleisch ist, wie aus der Abb. **1** und **5** hervorgeht, auch ein wesentlicher Lieferant für die essentiellen Spurenelemente Zink und Selen. Die Resorption von Zink ist bei weitem nicht so gut untersucht wie die von Eisen. Der Anteil von Zink in der Nahrung durch Fleisch ist in den USA (70 %) (10) wegen des höheren Fleischkonsums wesentlich dominierender als in der Bundesrepublik. Die Resorption von Zink wird negativ beeinflußt durch hohen Phytatgehalt der Nahrung und hohen Anteil von Ballaststoffen in der Nahrung.

Die Resorption von Selen mit der Nahrung ist ebenso bei weitem nicht so gut verstanden wie die von Eisen. In Abb. **2** ist angegeben, daß die Aufnahme von Selen zu ca. 65 % durch tierisches Protein geschieht. Im tierischen Protein liegt Selen in Form der Selenoaminosäuren Selenocystein und Selenomethionin vor. Die Selenoaminosäuren werden vermutlich so resorbiert wie die entsprechenden schwefelhaltigen Aminosäuren. Damit ist auch die hohe Resorptionsrate des Selens im Darm aus der vom Bundesbürger aufgenommenen Nahrung von 60–80 % (1) zu erklären. Selen wird enterohepatisch im Darm rückresorbiert, was für die Homöostase von Selen im Körper von essentieller Bedeutung ist, vor allem bei Populationen mit niedriger Selenaufnahme (1).

Während Fleisch ein wesentlicher Nahrungsbestandteil zur Versorgung des Bundesbürgers mit Eisen, Zink und Selen ist, trägt es zur Versorgung des Bundesbürgers mit den Mengenelementen (K, Ca, Mg) wenig bei und kann durch andere Hauptnahrungsmittel gut ersetzt werden. Bei der Kalziumaufnahme ist zu berücksichtigen, daß sie stark an Milch- und Milchprodukte gekoppelt ist. Das kann bei Weglassen von Milch- und Milchprodukten aus der Nahrung zu Kalziummangel führen.

Für die Aufnahme von Jod wurde kein Verteilungsdiagramm angegeben wegen der sich möglicherweise ändernden Bedingungen der Jodaufnahme. Ab dem Dezember 1993 müssen mit jodhaltigem Kochsalz hergestellte Nahrungsmittel nicht mehr gekennzeichnet werden. Es bleibt abzuwarten, wie sich die Verwendung von Jodsalz bei der Zubereitung von Hauptnahrungsmitteln (Fleisch- und Wurstwaren, Brot etc.) durchsetzt. Hierzu ist die Nachfrage der Konsumenten nach mit Jodsalz zubereiteten Nahrungsmitteln sicher ein regulierender Faktor. Es bleibt zu hoffen, daß sich die Verwendung von Jodsalz bei der Zubereitung von industriell hergestellten Lebensmitteln und in der Gemeinschaftsverpflegung (Brot, Fleisch, Wurst, Kantinenessen etc.) durchsetzt, damit sich die derzeitige Situation der ungenügenden Jodaufnahme in der Bundesrepublik verbessert. Jodreiche Nahrungsmittel sind Meeresfische.

Schlußfolgerung

Schweinefleisch enthält von dem essentiellen Spurenelement Selen etwa doppelt soviel wie Rindfleisch (Schwein 118 µg/kg, Rind 58 µg/kg). Rindfleisch enthält signifikant mehr Eisen (Rind 29 mg/kg, Schwein 22 mg/kg) als Schweinefleisch und ca. doppelt soviel Zink (Rind 52 mg/kg, Schwein 29 mg/kg).

Das Eisen, Zink und Selen aus Fleisch, Fleisch- und Wurstwaren trägt etwa zwischen 30 % und 35 % zur Gesamtaufnahme der entsprechenden Spurenelemente des Bundesbürgers, bei. Es ist bisher kein anderes Hauptnahrungsmittel in der Bundesrepublik bekannt, das einen entsprechend hohen Anteil zur Spurenelementaufnahme leistet. Bei Fleisch ist noch zu beachten, daß sein Anteil wegen der besseren Bioverfügbarkeit des Eisens im Fleisch, aufgrund von 40 % Anteil von Hämeisen am Gesamtgehalt des Eisens im Fleisch, bei der Resorption im Darm für die Frau mit 41 % und für den Mann mit 48 % geschätzt wird.

Die Aufnahme der drei essentiellen Spurenelemente Eisen, Zink und Selen durch die Nahrung liegt für die menstruierende Frau deutlich unter den Empfehlungen; für Zink und Selen liegt die tägliche Aufnahme auch unter den Empfehlungen für den Mann. Zur Versorgung des Bundesbürgers mit Kupfer, Kalium, Magnesium, Kalzium und Phosphor ist Fleisch nicht der Hauptlieferant, andere Nahrungsmittel dominieren. Daraus ist zu schließen, daß zur Versorgung des Bundesbürgers mit Spurenelementen, Elektrolyten und Mineralien eine sorgfältig ausgewogene sog. gemischte Ernährung notwendig ist und es bei Vermeidung von einem der Hauptnahrungsmittel – aus welchen Gründen auch immer – ein Mangel möglich ist. Hierauf ist besonders zu achten, da es Diskrepanzen zwischen der tatsächlichen nutritiven Aufnahme der Elemente für die menstruierende Frau für die Elemente Eisen, Zink, Selen, Jod und Kalzium gibt. Die Diskrepanz zwischen tatsächlicher nutritiver Elementaufnahme und den Empfehlungen ist während der Schwangerschaft und der Stillzeit besonders deutlich.

Zusammenfassung

Das Hauptnahrungsmittel Fleisch ist unter den Ernährungsgegebenheiten in der Bundesrepublik Hauptlieferant für die essentiellen Spurenelemente Eisen, Zink und Selen. Fleisch, Fleisch- und Wurstwaren tragen über die Nahrung ca. 30–35 % zur Spurenelementversorgung der erwähnten Spurenelemente bei. Schweinefleisch enthält ca. doppelt soviel Selen wie Rindfleisch (Schwein 118 µg/kg, Rind 58 µg/kg). Der hohe Selengehalt von Schweinefleisch und auch Hühnerfleisch wird auf die unterschiedliche Tierfütterung von Schwein, Huhn und Rind zurückgeführt und auf die Tatsache, daß Selen zum Tierfutter addiert wird. Insgesamt nimmt der Bundesbürger ca. 65 % des Selens durch proteinreiche Nahrung auf. Rindfleisch enthält mehr Eisen (Rind 29 mg/kg, Schwein 22 mg/kg) und Zink (Rind 53 mg/kg, Schwein 29 mg/kg) als Schweinefleisch. Die Versorgung der jungen menstruierenden Frau in der Bundesrepublik mit den Elementen Eisen, Zink, Selen, Kalzium und Jod entspricht nicht den Empfehlungen der entsprechenden Fachgremien (DGE, US National Research Council). Das gilt ebenso für den Mann für die Elemente Zink, Selen, Kalzium und Jod.

Für den Mann liegt jedoch die Eisenversorgung mit der Nahrung über den Empfehlungen. Berücksichtigt man die besonders gute Bioverfügbarkeit von Eisen aus dem Fleisch, dann stammen ca. 41 % des resorbierten Eisens bei der Frau und ca. 48 % beim Mann aus Fleisch, Fleisch- und Wurstwaren. Im Schnitt werden ca. 10 % des mit der Nahrung aufgenommenen Eisens bei gemischter Kost resorbiert. Zur Versorgung des Bundesbürgers mit den Elementen Kupfer, Magnesium, Kalium und Kalzium trägt Fleisch weniger bei. Insgesamt kann festgestellt werden, daß zur Elementversorgung eine gemischte Kost notwendig ist. Eine Vermeidung von einem der Hauptnahrungsmittel kann mit der Möglichkeit einer Mangelversorgung verbunden sein. Welchen Anteil die einzelnen Nahrungsmittel zur Gesamtaufnahme der Elemente leisten, ist graphisch dargestellt.

Danksagung

Frau *U. Mahnke* und Herrn *J. Kleinhaus* von der Zentralküche der Universitätsklinik Kiel wird gedankt für die zur Verfügungstellung des Programms DIÄT 2000.

Frau *H. Bastian* und Frau *F. Sindt* von der Universitätskinderklinik wird für die Unterstützung beim Schreiben des Manuskriptes gedankt.

Literatur

1 *Oster, O.:* Zum Selenstatus in der Bundesrepublik Deutschland. Universitätsverlag Jena (1992)

2 *Vorberg, B., H. J. Peters, A. Böhme, A. Nöhring, H. Köhler:* Untersuchungen zur nutritiven Versorgung des Menschen mit dem Spurenelement Selen. In Anke, M., C. Brückner, H. Gürtler, M. Grün (Hrsg.): Kongreß- und Werbedruck, Oberlungwitz (1988)

3 *Zimmerli, B., A. Wyttenbach:* Selenium intake of the Swiss population – preliminary results. In Nève, J., A. Favier (eds.): Selenium in Medicine and Biology. De Gruyter Verlag, Berlin (1989) 11

4 *Oster, O., W. Prellwitz:* The daily dietary selenium intake of German adults. Biol. Trace Elem. Res. 20 (1989) 1

5 *Oster, O., W. Prellwitz:* Die tägliche Selenaufnahme westdeutscher Erwachsener über die Nahrung. Erfahrungsheilkunde 9 (1989) 536

6 *Deutsche Gesellschaft für Ernährung:* Ernährungsbericht (1984)

7 *Deutsche Gesellschaft für Ernährung:* Ergänzungsband zum Ernährungsbericht (1984)

8 *Heseker, H., T. Adolf, W. Eberhardt, S. Hartmann, A. Herwig, W. Kübler, B. Matiaske, K. J. Moch, R. Schneider, A. Zipp:* VERA-Schriftenreihe Band III, Lebensmittel- und Nährstoffaufnahme Erwachsener in der Bundesrepublik Deutschland. Wissenschaftlicher Fachverlag Dr. Fleck, Niederkleen (1992)

9 *Bundeslebensmittelschlüssel im DIÄT 2000 / V 3.0 D. Beyer:* Soft & Hard, Rimbach

10 *Recommended Dietary Allowances 10 th Edition:* National Research Council USA. National Acadamy Press, Washington, D. C. (1989)

11 *Deutsche Gesellschaft für Ernährung:* Empfehlung für die Nährstoffzufuhr. 5. Überarbeitung. Umschau Verlag, Frankfurt / Main (1991)

12 *Arab-Kohlmeier, L., W. Sichert-Oevermann, G. Schettler:* Eisenzufuhr und Eisenstatus der Bevölkerung in der Bundesrepublik Deutschland. Springer Verlag, Berlin (1984)

13 *WHO, GEMS:* Global Environment Monitoring System, Guidelines for the study of dietary intakes of chemical contaminants. WHO Offset Publication No. 87, Geneva (1985)

14 *Müller, M., M. Anke, U. Kräuter, W. Arnold, E. Hautmann:* Validität verschiedener Methoden zur Erfassung der Mengen- und Spurenelemente. 1. Mitteilung: Kalkulationsverfahren. In Anke, M. et al. (eds.): Mengen- und Spurenelemente. Verlag MTV Hammerschmidt, Gersdorf (1993) 451

15 *Müller, M., M. Anke, U. Kräuter, M. Glei:* Validität verschiedener Methoden zur Erfassung der Mengen- und Spurenelementaufnahme. 2. Mitteilung: Analytische Verfahren. In Anke, M. et al. (eds.): Mengen- und Spurenelemente. Verlag MTV Hammerschmidt, Gersdorf (1993) 459

16 *Illing, H., M. Anke, U. Kräuter:* Iron intake in Germany. In Anke, M., D. Meissner, C. F. Mills (eds.): Trace Elements in Man and Animals. Verlag Media Touristik, Gersdorf (1993) 243

17 *Anke, M., M. Angelow, M. Müller, M. Glei:* Dietary trace element intake and excretion of man. In Anke, M., D. Meissner, C. F. Mills (eds.): Trace Elements in Man and Animals. Verlag Media Touristik, Gersdorf (1993) 180

18 *Protsch, C., M. Anke, K. Krämer:* Copper intake of adults in Freiberg (Saxony) and Germany. In Anke, M., D. Meissner, C. F. Mills (eds.): Trace Elements in Man and Animals. Verlag Media Touristik, Gersdorf (1993) 245

19 *Glei, M., M. Anke, C. Angelow:* Magnesium in the food chain. In Anke, M., D. Meissner, C. F. Mills (eds.): Trace Elements in Man and Animals. Verlag Media Touristik, Gersdorf (1993) 427

20 *Glei, M., M. Anke:* Der Magnesiumverzehr Erwachsener in Deutschland. 1. Mitteilung: Ergebnisse der Duplikatuntersuchungen. In Anke, M. et al. (eds.): Mengen- und Spurenelementen. Verlag MTV Hammerschmidt, Gersdorf (1993) 483

21 *Krämer, K., M. Anke:* Der Kalziumgehalt der Lebensmittel und Getränke und die Kalziumaufnahme Erwachsener in den östlichen Bundesländern. Ernährungsforschung 38 (1993) 33

22 *Krämer, K., M. Anke:* Die Phosphoraufnahme Erwachsener Deutschlands nach der Duplikat- und Basketmethode – ein Vergleich. In Anke, M. et al. (eds.): Mengen- und Spurenelementen. Verlag MTV Hammerschmidt, Gersdorf (1993) 498

23 *Anke, M., B. Groppel, E. Scholz:* Iodine in the food chain. In Anke, M., O. Meissner, C. F. Mills (eds.): Trace Elements in Man and Animals. Verlag Media Touristik, Gersdorf (1993) 1049

24 *Monsen, E. D., L. Hallberg, M. Layrisse, D. M. Heasted, I. D. Cook, W. Mertz, C. A. Finch:* Estimation of available dietary iron. Amer. J. Clin. Nutr. 31 (1978) 134

25 *Hallberg, C., E. Bjorn-Rasmussen, C. Howard, L. Rossander:* Dietary heme iron absorption. Scand. J. Gastroenterol. 14 (1979) 769

26 *Monsen, E. D.:* Iron nutrition and absorption: Dietary factors which impact iron bioavailability. J. Amer. Diet Assoc. 88 (1988) 786

27 *Hallberg, C., L. Rossander:* Improvement of iron nutrition in developing countries: Comparison of adding meat, soy protein, ascorbic acid, citric acid and ferrous sulphate on iron absorption from simple Latin America-type of meal. Amer. J. Clin. Nutr. 39 (1984) 577

28 *Hallberg, L., A. M. Hogdahl, C. Nilsson, R. Rybo:* Menstrual blood loss – a population study. Variation at different ages and attempts to define normality. Acta Obstet. Gynecol. Scand. 45 (1966) 320

29 *Bothwell, T. A., C. A. Finch:* Iron losses in man. In Occurrence, Causes and Prevention of Nutritional Anemias. Symposia of the Swedish Nutrition Foundation VI. Almquist and Wiksell, Uppsala (1968) 104

Fleischverzehr aus mikrobiologischer und toxikologischer Sicht

H.-J. Hapke

Einleitung

Alle Lebensmittel enthalten nicht nur essentielle Substanzen oder solche ohne nutritive Bedeutung, sondern auch unerwünschte Bestandteile, die unter bestimmten Bedingungen für den Menschen schädlich sein können. Einige davon sind natürlichen Ursprungs (biogen), viele aber durch menschliche Tätigkeiten bedingt (anthropogen). Mikrobiologische Aspekte betreffen die Anwesenheit belebter Mikroorganismen, deren Bedeutung vor allem in ihrer Vermehrungsfähigkeit und damit in der Zunahme des gesundheitlichen Risikos bestehen. Toxikologische Aspekte resultieren aus der Anwesenheit von chemischen Vereinigungen und Rückständen. Schließlich werden noch Lebensmittelzusatzstoffe verwendet, die bei Befolgung der Anwendungsvorschriften keine toxikologische Bedeutung haben.

Mikrobiologische Aspekte

Lebensmittel stellen für Mikroorganismen ein besonders günstiges Material für ihr Wachstum und ihre Vermehrung dar. Alle Vorgänge der Verwesung und Fäulnis werden mikrobiologisch gesteuert. Von besonderer Bedeutung sind aber darüber hinaus solche Mikroorganismen in Lebensmitteln, die beim Menschen nach Verzehr Infektionen oder Intoxikationen auslösen. Von den gemeldeten Lebensmittelinfektionen spielen die *Salmonellosen* eine herausragende Rolle, wie die Zusammenstellung im Ernährungsbericht 1992 der Deutschen Gesellschaft für Ernährung (6) ausweist (Tab. **1**).

Andere Lebensmittelinfektionen betreffen Erreger wie *Staphylococcus aureus*, *Bacillus cereus*, *Clostridium perfringens*, *Escherichia coli*, die gelegentlich bei Gemeinschaftsverpflegungen zu Erkrankungen führten.

Die Salmonellosen haben in den letzten 30 Jahren kontinuierlich zugenommen. Während 1960 die Zahl der jährlichen Erkrankungen in Deutschland etwa 2000 betrug, stieg die Zahl der gemeldeten Fälle 1970 auf über 10 000, 1980 dann auf 140 000 und erreichten 1992 erstmals mehr als 200 000 Fälle. Der Grund dieser Zunahme liegt auf mehreren Ebenen. Die Infektiosität der Keime hat sich in dieser Zeit geändert; es herrschen heute andere Serotypen von *Salmonella* als vor 30 Jahren vor; die Art der Tierhaltung hat einen weniger bedeutsamen Einfluß auf diesen Vorgang. Entscheidend für die Vermehrung der ubiquitären Keime ist die Art der Aufbewahrung der von Tieren stammenden Lebensmittel (vor allem Geflügel oder Eier) im Privathaushalt oder in der Gemeinschaftsverpflegung, also nach dem Ende der amtlichen Lebensmittelkontrolle, die an der Küchentür endet. Die Hausfrau oder der Küchenchef sind dann für das weitere Gedeihen der bereits vorhandenen Salmonellen verantwortlich. Nur eine ununterbrochene Kühlkette oder die sofortige Erhitzung der erworbenen frischen Ware garantieren die Hemmung der Vermehrung bzw. die Abtötung der Keime.

Tab. 1 Lebensmittelinfektionen und -intoxikationen (6) in Deutschland.

	Fälle/Jahr	Tote/Jahr
Clostridium botulinum	10–30	0–2
Salmonella typhi	200–300	1–4
Salmonella paratyphi	130–150	0–3
Salmonella enteritidis	> 200 000	> 200
andere Enteritis-Erreger	40 000	0–4
Shigella species	2 000	0–2
Trichinella	3–6	0

Kleinkinder bis zu 4 Jahren stellen den größten Anteil der betroffenen Personen dar. Senioren werden nur selten betroffen, dann aber sehr ernsthaft und manchmal mit letalem Ausgang.

Die aus mikrobiologischer Sicht entstehenden Risiken des Fleischverzehrs sind grundsätzlich vermeidbar, stellen aber an die Küchenhygiene besondere Ansprüche. Sie sind eine viel größere Gefahr für den Verbraucher mit hunderttausenden Krankheitsfällen und hunderten Toten im Jahr, als die in der Öffentlichkeit so häufig diskutierten toxikologischen Aspekte der Ernährung.

Die Erkrankung besteht in einer akuten Gastroenteritis mit den entsprechenden Symptomen Erbrechen, Durchfall, Fieber, Elektrolyt- und Flüssigkeitsverlusten.

Die Übertragung der *bovinen spongiformen Enzephalopathie (BSE)* vom Rindfleisch auf den Menschen, bei welchem eine ähnliche Erkrankung (Creutzfeld-Jakob-Erkrankung) bekannt ist, ist unwahrscheinlich, aber nicht mit Sicherheit auszuschließen.

Toxikologische Aspekte

In allen Lebensmitteln sind zahlreiche unerwünschte chemische Substanzen nachzuweisen. Infolge der zunehmenden Genauigkeit der chemischen Analysen können heute solche Stoffe in einem Konzentrationsbereich von 10^{-15} gemessen werden. Aus der Gruppe der unerwünschten Fremdstoffe in Lebensmitteln sind die folgenden von besonderer lebensmitteltoxikologischer Bedeutung.

1. **Rückstände**
   antimikrobiell wirksame Stoffe
   (z. B. Antibiotika)
   Stoffe mit hormonaler Wirkung
   (z. B. Sexualhormone)
   Pflanzenschutzmittel
   (in pflanzlichen Lebensmitteln)
2. **Verunreinigungen**
   Schwermetalle (z. B. Blei oder Cadmium)
   Organochlorverbindungen
   (z. B. DDT, PCB, Dioxine)
   Nitrosamine (entstehen im verarbeiteten Lebensmittel)
   polyzyklische aromatische Kohlenwasserstoffe (entstehen bei thermischer Behandlung der Lebensmittel)
   Mykotoxine (Schimmelpilze durch Verderb)

Die Nahrung stellt den Hauptanteil an der Fremdstoffbelastung des Menschen dar. Ein Teil dieser Fremdstoffe wird über die Frauenmilch dem Säugling zugeführt. Daher haben die toxikologischen Aspekte der Nahrung eine erhebliche gesundheitliche Bedeutung.

Rückstände sind Reste von Stoffen, die beim lebenden Tier oder der lebenden Pflanze vor der Lebensmittelgewinnung verwendet werden, um bei den Lebewesen bestimmte biologische Wirkungen zu erzeugen; im Lebensmittel sind sie unerwünscht. Hierzu zählen die Tierarzneimittel, Futterzusatzstoffe oder Pflanzenschutz-, Pflanzenbehandlungs- und Vorratsschutzmittel im Bereich der pflanzlichen Lebensmittel. Diese der Sicherung der Tier- und Pflanzengesundheit und der Optimierung der Erträge dienenden Stoffe unterliegen der amtlichen Zulassungspflicht, bei welcher auch die Unbedenklichkeit der Stoffe geprüft wird. Bei der Zulassung werden Anwendungsvorschriften festgelegt, die insbesondere sicherstellen sollen, daß Rückstände in bedenklicher Menge im späteren Lebensmittel nicht mehr vorhanden sind.

Trotzdem werden in rund 1 % aller untersuchten, von Tieren und Pflanzen stammenden Lebensmittel solche Rückstände gefunden. Jedes 50. Kalb und jedes 200. sonstige Schlachttier werden mit Hilfe eines biologischen Schnellverfahrens hinsichtlich des Vorhandenseins von antimikrobiell wirksamen Rückständen untersucht. Dabei wird im Kalbfleisch häufiger ein Rückstand gefunden als in anderen Proben, wie in Abb. **1** dargestellt ist.

Falls infolge einer Not- oder Krankschlachtung behandelte Tiere untersucht werden, ist die Beanstandungsquote erwartungsgemäß höher („Verdachtsproben" in Abb. **1**). Die Bedeutung dieser Rückstände an antimikrobiell wirksamen Stoffen liegt in der Tatsache, daß sie an der Zunahme von therapieresistenten Mikroorganismen im Kolon des Menschen (aus der Gruppe der *Enterobacteriaceae)* beteiligt sein können, obwohl für diese theoretische Annahme kein Beweis erbracht wurde. Aus Gründen der Gesundheitsvorsorge ist trotzdem zu fordern, daß antimikrobiell wirksame Rückstände, z. B. Antibiotika, im Fleisch nicht vorkommen sollen.

Die Anwendung der anabol wirksamen Sexualhormone in der Tiermast ist in den Mitgliedsstaaten der Europäischen Union seit vie-

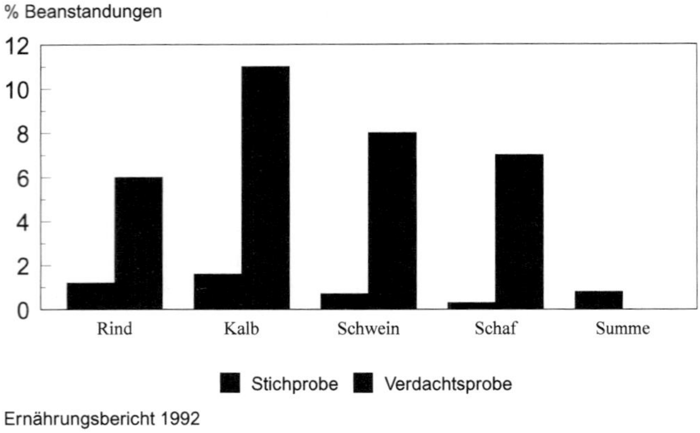

Abb. 1 Rückstände an Chemotherapeutika („hemmstoffpositive" Befunde).

Tab. 2 Aufnahme von anabol wirkenden Steroiden durch den Menschen beim Fleischverzehr im Vergleich zur körpereigenen Produktion (8).

		Testosteron	Östrogen	Progesteron
Mann		6 480	135	415
Frau	(gebärfähig)	240	190–1 600	418–19 600
	(schwanger)	320	64 300	294 000
	nach Menopause	140	46	325
Kinder		32	42	150
maximale Menge in 250 g Fleisch:				
	nicht behandelte Rinder	0,13	0,11	2,5
	behandelte Kälber	0,025	0,005	–

len Jahren verboten. Wenn trotzdem diese Stoffe (Östrogene, Androgene, Gestagene) illegal bei Kälbern verabfolgt werden (bei anderen Tierarten spielen diese Stoffe wegen der mangelhaften Wirksamkeit keine Rolle), so ist doch mit einer biologischen Wirkung beim Konsumenten nicht zu rechnen, weil hierfür die gemessenen Mengen bei weitem nicht ausreichen. Die natürlichen Sexualhormone sind zudem nach oraler Aufnahme nicht wirksam, weil sie in der Leber inaktiviert werden. Auch der einmalige Verzehr einer größeren Menge (z. B. an einer Injektionsstelle) ist diesbezüglich bedeutungslos. Schließlich haben geschlechtsreife Tiere eine um das mehrhundertfache größere Konzentration in ihren Geweben, die der Mensch seit Urzeiten verzehrt.

Der Vergleich der vom menschlichen Körper produzierten Hormonmengen mit der Menge, wie sie durch Fleisch von behandelten Kälbern vom Menschen aufgenommen werden, zeigt, daß die zuletzt genannten Mengen mit Sicherheit für den Konsumenten bedeutungslos sein werden (Tab. **2**).

In vielen Ländern außerhalb der Europäischen Union ist die Verwendung der natürlichen Sexualhormone zur Kälber- und Ochsenmast zugelassen. Das Verfahren ist amtlich geprüft, die Überwachungsbehörden kennen die Substanzen und können sie kontrollieren, weil auch der Ort der Applikation (in Form eines Depots in leicht zugänglichen, nicht verzehrten Geweben) bekannt ist. Der amerikanische Farmer hat nicht das Bedürfnis, illegale Stoffe zu verwenden; der Gesundheitsschutz ist gewährleistet. In den Mitgliedsstaaten der Europäischen Union werden manchmal Stoffe verwendet, die der Überwachungsbehörde nicht bekannt sind, deren toxikologische Bedeutung unbekannt ist und die in Geweben durch Injektion „versteckt" sind, die bei der Schlachttieruntersuchung nicht entdeckt werden. Der Gesundheitsschutz ist nicht gewährleistet. Hierin liegt die eigentliche lebensmitteltoxikologische Bedeutung der Stoffe mit hormonaler Wirkung.

Verunreinigungen sind chemische Stoffe in Lebensmitteln, die vor, während oder nach der Lebensmittelgewinnung auftreten, weil sie ubi-

		Blei		Cadmium	
		X	98. Perz.	X	98. Perz.
Muskulatur	Rind	0,01	0,04	0,005	0,012
	Schwein	0,008	0,02	0,002	0,006
	Wild	1–2	13–48	0,005	0,18
Leber	Rind	0,16	0,64	0,08	0,46
	Schwein	0,08	0,56	0,05	1,5
	Wild	0,6	15–72	0,08	37
Niere	Rind	0,26	0,77	0,19	9,7
	Schwein	0,08	0,51	0,24	5,0
	Wild	0,18	2,6	0,77	18

Tab. 3 Schwermetallgehalte in Fleisch, Leber und Niere (6). Mittelwerte (X) und 98. Perzentile

quitär sind (Umweltchemikalien, Kontaminanten) und nicht unmittelbar vermieden werden können. Aus der Reihe der Schwermetalle spielen in abnehmender Reihenfolge die folgenden Verunreinigungen eine Rolle:

Blei und Cadmium	(geringer Sicherheitsabstand bis zur Unbedenklichkeit)
Quecksilber und Arsen	(vorwiegend lokal bedeutsam oder in aquatischen Lebensmitteln)
Chrom und Thallium	(nur lokale Bedeutung nach besonderen Ereignissen)
Nickel und Zink	(essentielle Schwermetalle; Mangel häufiger als Überschuß)
Eisen und Kupfer	(essentielle Stoffe; ohne toxikologische Bedeutung in von Tieren stammenden Lebensmitteln)

Die im Ernährungsbericht 1992 (6) dargestellten Konzentrationen in von Tieren stammenden Lebensmitteln lassen einen großen Streubereich erkennen. Die Gehalte hängen erheblich von der Fütterung oder vom Standort der Tiere ab. Vor allem spielt das Alter der Schlachttiere eine Rolle: Ältere Tiere haben höhere Schwermetallmengen in ihren Geweben als jüngere Tiere. Dieser Einfluß macht sich schon bei Schweinen, die im Alter von 6 Monaten geschlachtet werden, und Rindern mit einem Schlachtalter von 18 bis 24 Monaten bemerkbar. Zu erkennen ist weiter, daß Leber und Niere immer höhere Konzentrationen aufweisen als die Skelettmuskulatur. Schließlich soll erwähnt werden, daß Fleisch, Leber und Nieren von jagdbaren Wildtieren erheblich höhere Blei- und Cadmium-Konzentrationen aufweisen als die Gewebe von mit überwachtem Futter versorgten landwirtschaftlichen Nutztieren (Tab. 3).

Für die Abschätzung einer mittleren Belastung des Verbrauchers sind die Mittelwerte nicht immer gut geeignet, da alle Werte im Kollektiv nicht normal verteilt sind; die Mittelwerte gestatten aber einen Vergleich der einzelnen Fleischsorten.

Seit etwa 10 Jahren ist eine erhebliche Reduktion der Bleigehalte in tierischen Geweben festzustellen. Hohe Spitzenbelastungen kommen bei landwirtschaftlichen Nutztieren praktisch nicht mehr vor. 1984 enthielt die Rinderleber manchmal bis 3 mg Blei/kg Frischgewicht, die Rinderniere bis 4,5 mg/kg, während die Schweineleber und -niere schon damals so niedrige Werte wie heute enthielten.

Die pathogene Bedeutung des Bleis besteht in hämatologischen und neurologischen Auswirkungen, wenn wiederholt oder kontinuierlich größere Mengen bei ausgeprägter Bevorzugung von Innereien oder Wild aufgenommen werden. Beim Cadmium sind aus den gleichen Gründen nephropathogene Wirkungen und Störungen der Funktion des Periosts zu erwarten. Quecksilber hat ebenfalls nephropathogene und auch neurologische und ggfls. psychiatrische Auswirkungen, wenn hochkontaminierte Fische über längere Zeit verzehrt werden.

Aus der Gruppe der *Organochlorverbindungen* spielen die alten Pestizide Hexachlorbenzol, DDT, Lindan, Heptachlor oder Dieldrin keine Rolle mehr. Da aber diese Stoffe sehr stabil sind und heute noch in vielen Ländern angewendet werden, aus denen wir Futtermittel oder Nahrungsmittel oder deren Grundstoffe beziehen,

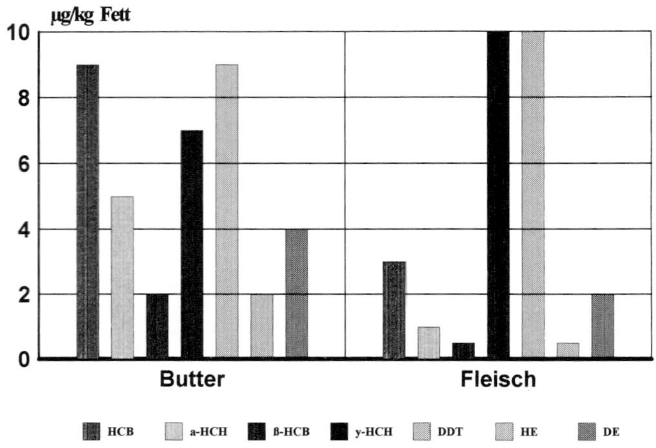

Abb. 2 OC-Verbindungen in Butter und Fleisch.

Tab. 4 PCB-Gehalte im Fleisch (Mittel- und Maximalwerte) μg/kg Fett (6). Mittelwerte (X) und gemessene Maximal-Konzentrationen (max).

	PCB-138		PCB-153		PCB-180	
	X	max.	X	max.	X	max.
Rind	10	446	10	638	5	426
Kalb	4	112	6	157	2	97
Schwein	5	990	6	35	5	340
Schaf	2	49	7	84	2	45
Wild	14	80	23	115	11	63
Rinderleber	28	1 450	28	1 490	10	1 040
Schw.leber	5	270	5	2 440	5	2 400

sind konstante Reste immer noch nachzuweisen, die im arithmetischen Mittel jeweils unter 10 μg/kg Fett liegen. Wegen der starken Lipidlöslichkeit der Stoffe kumulieren sie innerhalb der Nahrungskette im Fettanteil der Nahrung. Andere Gewebe enthalten nur solche Mengen, die ihrem Fettgehalt entsprechen. Mittelwerte der wichtigsten Stoffe sind in der Abb. **2** dargestellt.

Wie die genannten Pestizide sind auch zahlreiche technische Hilfsstoffe Organochlorverbindungen mit hoher chemischer Persistenz und ausgeprägter Lipophilie. Die *polychlorierten Biphenyle (PCB)* sind von besonderer Bedeutung, weil sie in manchen fetthaltigen Lebensmitteln tierischer Herkunft in Konzentrationen vorkommen, die bei besonderen Verzehrsgewohnheiten die Grenze der Unbedenklichkeit erreichen können. Aus dem Gemisch der PCB bleiben in der Nahrungskette nur die stabilsten hochchlorierten Kongenere mit mehr als 4 Chloratomen übrig. Niedrigchlorierte Kongenere werden im biologischen System metabolisiert und ausgeschieden. Eine chemische Analyse des Fleisches berücksichtigt nur die in der Höchstmengen-Verordnung genannten 6 Kongenere, für die somit auch nur repräsentative Daten vorliegen. Die Tab. **4** zeigt die im Fleisch gemessenen Konzentrationen von 3 Kongeneren an, die mit der IUPAC-Nr. (1) genannt werden.

In den letzten Jahren ist eine Abnahme auch dieser Stoffe zu beobachten, da die technische Verwendung von PCB erheblichen Einschränkungen unterliegt. Die Produktion ist längst eingestellt worden.

Schließlich bilden die *polychlorierten Dibenzodioxine (PCDD)* und *polychlorierten Dibenzo-Furane (PCDF)* eine lebensmitteltoxikologisch bedeutsame Gruppe, da einige Kongenere, an der Spitze das Tetrachlor-dibenzo-Dioxin (2,3,7,8-TCDD) als Seveso-Gift wegen seiner extrem großen Toxizität (tödliche Dosis für Versuchstiere 1 μg/kg nach oraler Aufnahme) berühmt geworden sind. Diese Stoffe sind Nebenprodukte aus der chlororganischen Chemie, entstehen aber auch bei jeder Verbrennung organischen Materials. Die Tab. **5** gibt die heute meßbaren Konzentrationen der PCDD und PCDF wieder. Die Konzentrationen werden in

Tab. 5 TCDD-Gehalte einiger Lebensmittel. Angaben in ng TE(BGA)/kg Fettbasis) (3, 7).

Hofsammelmilch	1,09
Tankwagenmilch	0,76
Summe Milch und -produkte	0,95
Eier	1,07
Geflügel	1 – 2
Rindfleisch	1,7
Rinderleber	0,2
Schweinefleisch	< 0,4 – 1
Schweineleber	0,8
Dosenfleisch	1,3
Gemüse	0,001 – 0,03
Grünkohl	0,35 (– 5)
menschliches Blut	22 (6 – 52)
menschliches Fett	31 (10 – 62)
Frauenmilch	15 (3 – 39)

Tab. 6 Tagesaufnahmen der meßbaren PCDD/F mit den Hauptnahrungsmitteln (Mittelwerte, bezogen auf Fett [außer bei Gemüse und Obst]; 1990 [2]).

Lebensmittel	Verzehr (g/d)	TE (pg/d)
Fleisch, -produkte	38	24
Milch, -produkte	33	28
Eier	4	4
Fisch, -produkte	2	7
Pflanzenöle	26	0,3
Gemüse	244	2,4
Obst	130	1,3
Gesamt:		68

„Toxizitäts-Äquivalenten" (TE) ausgedrückt, wobei alle Konzentrationen unter Berücksichtigung ihrer Toxizität mit dem toxischsten der PCDD/F, dem 2,3,7,8-TCDD, verglichen und mit Toxizitätsfaktoren versehen werden. So entspricht eine Konzentration von z. B. 1000 ng Octachlor-dibenzo-Dioxin wegen der eintausendmal geringeren Toxizität dieses Kongeneres im Vergleich zum 2,3,7,8-TCDD tatsächlich einer Konzentration von 1 ng/kg.

Unter Berücksichtigung der Verzehrsmengen läßt sich abschätzen, daß der Mensch täglich etwa 50 – 100 pg TE aufnimmt, wobei die Lebensmittel tierischer Herkunft den größten Anteil ausmachen, wie es aus der Tab. **6** hervorgeht.

Tab. 7 Unerwünschte Stoffe in der Frauenmilch (4). Angaben in µg/kg Milchfett, außer für PCDD/F (ng TE/kg), Blei, Cadmium (mg/L) und Radioaktivität (^{134}Cs + ^{137}Cs Bq/kg).

	Frauenmilch		Trinkmilch	
	X	max	X	98. Perz.
α HCH	< 5	50	10	
β-HCH	60	1 670	< 10	
γ-HCH	< 5	110	10	
Σ-DDT	400	15 000	20	
Dieldrin	< 10	200	< 10	
HCB	200	2 320	10	
PCB-138	150	500	5	60
PCB-153	180	620	10	61
PCB-180	100	380	5	53
Σ-PCB	700	2 400		
PCDD/F (ng TE)	13	31	< 0,1	1
Blei (mg)	4	50	12	35
Cadmium (mg)	0,4	4	1	4
Radioaktivität (Bq)	< 0,5	1,3	< 0,5	

Die lebensmitteltoxikologische Bedeutung aller Organochlorverbindungen liegt in der Kumulation innerhalb der Nahrungskette von der Umwelt (Boden, Luft, Wasser) über die Pflanze zum Tier und zum Menschen. Die Nahrungskette endet in der Frauenmilch und schließlich beim menschlichen Säugling. Daher ist es verständlich, daß in der Frauenmilch die höchsten Konzentrationen der *Organochlorverbindungen* auftreten. Dieses wird in der Tab. **7** durch einen Vergleich mit der Trinkmilch bestätigt.

Es ist ganz offensichtlich, daß in der Frauenmilch erheblich höhere Konzentrationen der Organochlorverbindungen anzutreffen sind als in der hier zu Vergleichszwecken angeführten Trinkmilch. Zweifellos ist auch die berufliche Exposition mancher Frauen eine Ursache der höheren Belastung. Die fettreiche Nahrung unter Bevorzugung der von Tieren stammenden Lebensmittel dürfte aber eine hohe Grundbelastung erzeugen. Falls bestimmte, von der Deutschen Forschungsgemeinschaft (5) vorgeschlagene Orientierungswerte überschritten werden, sollte nach einer normalen Stillzeit von 4 oder 6 Monaten vom weiteren Stillen abgeraten werden. Schwermetalle und Radioaktivität in der Frauenmilch stellen keine Belastung des Säuglings dar.

	Belastung X	Belastung max.	Belastbarkeit	Vergleich X/max. (%)
Blei (mg)	1	4	3	33/125
Cadmium (mg)	0,2	1	0,5	25/200
Zink (mg)	100	150	1 750	6/ 8
Σ-Dioxine (TE)	600	1 200	17 000 (?)	7/ 14
Σ-PCB (µg)	60	500	500	10/100

Tab. 8 Vergleich der Belastung mit der Belastbarkeit (Angabe in Wochenmengen). X = Mittelwerte; max = gemessene Maximalwerte.

Die toxikologische Bedeutung aller aromatischen Organochlorverbindungen liegt in ihrer enzyminduzierenden und tumorpromovierenden Wirkung mit den entsprechenden Konsequenzen Störungen des Zellstoffwechsels und des Krebswachstums. Auch das Immunsystem scheint beeinflußt zu werden. Alle genannten Wirkungen sind dosisabhängig und lassen auch einen Nicht-Wirksamkeitsbereich erkennen. Dieser wird heute, von der Frauenmilch abgesehen, nicht erreicht oder gar überschritten.

Gesundheitliche Bedeutung der Fremdstoffe im Fleisch

Die vermeidbaren *Rückstände* spielen nur eine untergeordnete Rolle beim Fleischverzehr. Die gelegentliche Aufnahme eines Antibiotika enthaltenden Fleischstücks wird, wenn überhaupt in dieser Menge, vorübergehend eine geringfügige Verschiebung des mikrobiologischen Gleichgewichts im Verdauungstrakt des Menschen hervorrufen, die schnell wieder reguliert werden kann, wie aus der Medizin nach oraler Gabe von Chemotherapeutika bekannt ist. Eine Beteiligung dieser Stoffe im Fleisch an der bekannten Tatsache der Resistenzentwicklung von Krankheitskeimen gegenüber der Therapie ist nicht erkennbar.

Stoffe mit hormonaler Wirkung, z.B. physiologisch vorkommende Sexualhormone, spielen keine Rolle, da die Konzentrationen bei behandelten Kälbern viel niedriger liegen als diejenigen bei erwachsenen Schlachttieren. Über illegal verwendete andere Stoffe kann keine Aussage gemacht werden. Die Verwendung gefährlicher Stoffe als Tierarzneimittel kann verboten werden; durch die Einhaltung von Wartezeiten können die Rückstände minimiert werden; schließlich können bei unvermeidbaren Rückständen Höchstmengen festgesetzt werden, bei deren Unterschreiten der Verbraucherschutz gewährleistet ist.

Bei der Beurteilung der *Verunreinigungen* im Fleisch ist eine Differenzierung vorzunehmen. Eine Risikoabschätzung kann vorgenommen werden, wenn die tatsächliche *Belastung*, die durch Multiplikation der Konzentrationen mit den Fleischverzehrmengen ermittelt wird, mit der wahrscheinlichen *Belastbarkeit* verglichen wird. Letztere ist das Ergebnis toxikologischer Erörterungen und besteht in der Ermittlung einer für den (erwachsenen, gesunden) Menschen (wahrscheinlich noch) nicht wirksamen Tages- oder Wochendosis. Ein solcher Vergleich ist in Tab. **8** vorgenommen worden.

Aus dieser Übersicht geht hervor, daß die mit der Nahrung verzehrten Mengen an Blei, Cadmium und der Summe der polychlorierten Biphenyle an die Belastbarkeitsgrenze heranreichen oder ausnahmsweise auch überschreiten können. Dagegen spielen beispielsweise Zink und die Dioxine keine Rolle, da die verzehrten Mengen weit von einer Belastbarkeitsgrenze entfernt sind.

Mykotoxine, *polyzyklische aromatische Kohlenwasserstoffe* und *Nitrosamine* treten nur sporadisch in Fleisch und Fleischprodukten auf, so daß die Abschätzung einer Verzehrsmenge nicht vorgenommen werden kann. Da viele Vertreter dieser 3 Gruppen krebserzeugend sind, müssen alle Maßnahmen ergriffen werden, die Bildung dieser Substanzen in Lebensmitteln zu vermeiden. Eine Wirkungsschwelle ist bei Kanzerogenen nicht zu erkennen, daher sind Höchstmengen wissenschaftlich nicht festzusetzen.

Zusammenfassung

Mikrobiologische Aspekte des Fleischverzehrs beziehen sich auf die Anwesenheit von Mikroorganismen, die für den Menschen pathogen sind. Normalerweise kommen Fäulnisbakterien und Pilze vor, die den Zersetzungsprozeß steuern. Hierbei können Mykotoxine gebildet werden, von denen einige kanzerogen sind. Zusätzliche Infektionskeime erzeugen spezifische Lebensmittelvergiftungen, z. B. Salmonellose, an der in Deutschland jährlich mehr als 200 000 Menschen erkranken und mehr als 200 sterben. Um das Risiko einer Erkrankung zu mindern, müssen Keime durch Erhitzen abgetötet, ihre Vermehrung durch Kühlen unterbunden oder beides durch Bestrahlung oder Konservierungsmittel (Kochsalz) beeinflußt werden. Erkrankungen sind durch hygienische Maßnahmen vermeidbar. Ob die bei Rindern in England auftretende BSE auf Menschen übertragbar ist, ist z. Z. nicht zu beantworten; die Wahrscheinlichkeit hierfür ist gering.

Toxikologische Aspekte des Fleischverzehrs sind durch die Anwesenheit von chemischen Fremdstoffen in Lebensmitteln bedingt, deren Wirkung absolut von den verzehrten Mengen abhängt. Rückstände, die als Reste einer vorherigen Anwendung auftreten können (Tierarzneimittel, Futterzusatzstoffe), sind vermeidbar, wenn die Anwendungsvorschriften beachtet werden. Rund 1 % des untersuchten Fleisches wird wegen Rückständen an antimikrobiell wirksamen Substanzen beanstandet.

Verunreinigungen mit Umweltchemikalien sind nur durch Maßnahmen im weiten Vorfeld der Lebensmittelproduktion zu reduzieren. Von Bedeutung sind Schwermetalle (Blei, Cadmium in Leber und Niere, weniger in der Muskulatur) und Organochlorverbindungen (alte Pestizide wie DDT, polychlorierte Biphenyle, Dioxine im Fett). Diese Stoffe kumulieren wegen ihrer Persistenz in der Nahrungskette und erreichen im Falle der Organochlorverbindungen in der Frauenmilch bemerkenswerte Konzentrationen.

Nitrosamine und polyzyklische aromatische Kohlenwasserstoffe und Amine entstehen meist erst während der Be- und Verarbeitung des Fleisches, viele sind krebserzeugend. Durch Beachtung der Entstehungsbedingungen sind sie weitgehend vermeidbar.

Eine Quantifizierung des Risikos kann durch Vergleich der Belastung mit der Belastbarkeit vorgenommen werden. Hierbei fällt auf, daß Blei, Cadmium und die polychlorierten Biphenyle die problematischen Stoffe darstellen, da die mit der Nahrung aufgenommenen Mengen manchmal die Grenze des Unbedenklichen erreichen können.

Literatur

1 *Ballschmiter, K., M. Zell:* Analysis of polychlorinated biphenyls (PCB) by glass capillary gas chromatography. Fresenius Z. Anal. Chem. 28 (1980) 20–31

2 *Beck, H.:* Dioxine in Lebensmitteln. Bundesges.bl. (1990) 99

3 *Bund/Länder-Arbeitsgruppe Dioxine:* 2. Bericht, November (1993)

4 *Chemisches Untersuchungsamt Oldenburg:* Jahresbericht (1993)

5 *Deutsche Forschungsgemeinschaft:* Rückstände und Verunreinigungen in Frauenmilch. Mitt. XII. Verlag Chemie (1984)

6 *Deutsche Gesellschaft für Ernährung:* Ernährungsbericht 1992. Eigenverlag Frankfurt/Main (1992)

7 *Schrey, P., J. Wittsiepe, U. Ewers, M. Exner, F. Selenka:* Polychlorierte Dibenzo-p-dioxine und Dibenzofurane in Humanblut. Bundesges.bl. 11/93 (1993) 455

8 *World Health Organization:* ICP / FSP 002 / 1, 1272 I

Ernährungsphysiologische Bedeutung des Fleisches

H. F. Erbersdobler

Einleitung

Jahrzehntelang hat sich die Ernährungswissenschaft bemüht, die Vorteile der Lebensmittel tierischer Herkunft herauszustellen und deren Verwendung zu fördern. Falsche oder falsch verstandene Vorstellungen vom Protein- und Aminosäurenbedarf, die Exklusivität mancher tierischer Lebensmittel für wertbestimmende Nährstoffe und deren gute Bekömmlichkeit sowie unzureichende Kenntnisse über den sinnvollen Einsatz pflanzlicher Lebensmittel ließen dies auch angezeigt erscheinen. Es mag deshalb manchen wundern, wenn heute, zumindest beim Fleisch, der umgekehrte Weg beschritten wird und Empfehlungen gegeben werden, die Anteile an Fleisch und Fleischerzeugnissen in der Ernährung drastisch zu senken. Die Voraussetzungen für diese Entwicklung sind in der Ernährungsforschung in den letzten dreißig Jahren begründet. Im Prinzip ist heute jedes Lebensmittel, ja sogar jede Lebensmittelgruppe, austauschbar. Die Hauptargumente gegen Fleisch kommen aus ernährungsmedizinischer Richtung, wobei das Fleisch quasi der Prügelknabe für die ganze Gruppe der tierischen Lebensmittel – ja ggf. für die westliche Ernährungsweise generell – ist. Es ist zu fragen, ob diesem negativen Trend nicht positive Argumente entgegengesetzt werden können, die im wesentlichen aus ernährungsphysiologischer Richtung kommen.

Hoher Gehalt an wichtigen Nährstoffen

Fleisch ist unbestritten ein Lebensmittel von sehr hoher ernährungsphysiologischer Qualität. Es hat eine sehr hohe Dichte für viele besonders wichtige Nährstoffe wie z. B. Eisen, Zink und die Vitamine B_1, B_6 und B_{12}. Die nachfolgenden Abb. **1**–**4** zeigen einige Beispiele für den Gehalt an wichtigen Nährstoffen in Fleisch und Fleischerzeugnissen auf. Die Nährstoffgehalte (Werte aus: BLS II, 1991) werden auf die empfohlene Nährstoffzufuhr (DGE 1991) bezogen und zwar für eine 15–19 Jahre alte Frau. Der Energiebeitrag wird als durchgezogene Linie deutlich gemacht, so daß man den Beitrag der übrigen Nährstoffe zur täglichen Versorgung schon optisch gut abschätzen kann. Damit werden die doch recht abstrakten Zahlen der Nährstoffgehalte oder der Nährstoffdichte vermieden und trotzdem die Nährstoffzufuhr mit Bezug auf die Energiezufuhr verdeutlicht. Trotz der seit längerem bekannten Diskrepanzen zwischen den zur Zeit vorliegenden Tabellenwerten und aktuellen Analysendaten (s. 5) wurden ausschließlich die Daten des BLS herangezogen, was in den ausgewählten Beispielen vertretbar sein dürfte.

Die hohe Nährstoffdichte von Fleisch nimmt mit zunehmendem Fettgehalt fast auf der ganzen Linie ab. Abb. **1** zeigt einen Vergleich der relativen Nährstoffgehalte in fettarmem und fettreichem Schweinefleisch. Während bei dem fettarmen Fleisch 9 der wertbestimmenden Nährstoffe in einer die Bedarfsempfehlungen überschreitenden Konzentration vorliegen, sind dies beim fetten Fleisch nur 5 Nährstoffe (dabei Zink und B_6 bereits marginal). Die Überschüsse bei Vitamin B_1 und Vitamin B_{12}, und damit deren Ergänzungswirkung auf andere Lebensmittel, sind deutlich reduziert. Selbst das für Fleisch als so wichtig propagierte Eisen liegt im fetten Fleisch anteilig schon weit unterhalb der empfohlenen täglichen Zufuhr. Erhöht haben sich im fetten Fleisch lediglich die Absolutwerte für Linolsäure und Vitamin A. Die akzeptable Höhe des Fettgehalts bezüglich der noch günstigen Nährstoffdichte z. B. für Eisen dürfte bei ca. 15 % liegen (Abb. **1**).

Abb. **2** zeigt einen Vergleich der Nährstoffgehalte in magerem Fleisch von 4 Tierarten. Fleisch von Schwein und Rind ist hinsichtlich

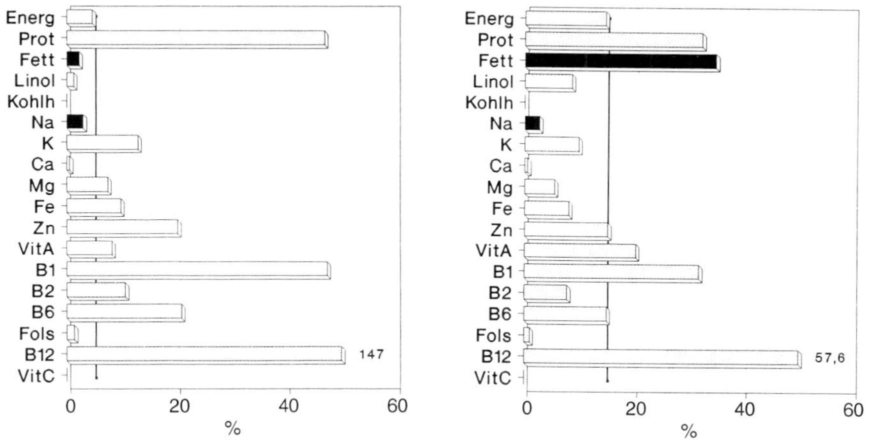

Schweinefleisch fettarm (1,9 % Fett) Schweinefleisch fett (30 % Fett)

Abb. 1 Vergleich der Energie- und Nährstoffzufuhr durch 100 g fettarmes (links) und fettes (rechts) Schweinefleisch in % der empfohlenen Zufuhr für eine 15 – 19 Jahre alte Frau (durchgezogene Linie = Energiezufuhr als Leitlinie zur Abschätzung der Nährstoffdichte).

der Nährstoffdichte deutlich günstiger als Fleisch vom Geflügel. Schweinefleisch zeichnet sich durch besonders hohe Gehalte an Vitamin B_1 und Vitamin B_{12} sowie, vermutlich fütterungsbedingt, an Vitamin A aus. Rindfleisch enthält die höchsten Eisen- und Zinkwerte. Im Geflügelfleisch liegen fast alle Werte niedriger; auffällig sind die vergleichsweise niedrigen Gehalte an Vitamin B_{12} und besonders B_1. Der Eisengehalt ist allerdings durchaus mit dem des Schweinefleisches vergleichbar. Hervorzuheben ist der höhere Linolsäuregehalt (Abb. **2**).

Die für Fleisch verschiedener Herkunft aufgezeigten Unterschiede lassen sich übrigens auch für Fleischerzeugnisse, wie z. B. Wurstwaren, belegen. Auch hier spielen der Fettgehalt und die Herkunft des Fleisches eine wichtige Rolle. Frankfurter Würstchen (21 % Fettgehalt) enthalten z. B. deutlich höhere Konzentrationen an den meisten Nährstoffen als z. B. „Knacker einfach" (Fettgehalt 31 %). Die nachstehende Abb. **3** zeigt einen Vergleich zwischen „Leberwurst fein" und „Leberwurst einfach". Besonders bemerkenswert in der Leberwurst sind überwältigend hohe Gehalte an Eisen und Vitamin B_{12}.

Die ebenfalls „überbordenden" Vitamin-A-Werte in Leber – ebenfalls die Folge der Wirkstoffversorgung über die Fütterung – waren bereits Gegenstand von Besorgnis, da Vitamin A zu den bei Überdosierung nicht mehr unbedenklichen Nährstoffen zählt. Dies gilt ebenso für die in der Abbildung nicht dargestellten, zumeist sehr hohen Kupferwerte. Der für Schweinefleisch typische hohe Gehalt an Vitamin B_1 ist in der einfachen Leberwurst nicht wiederzufinden, während die feine Leberwurst noch brauchbare Gehalte aufweist. Ursache für diese Diskrepanz ist vermutlich der unterschiedliche Anteil an Muskelfleisch. Die insbesondere bei einfacher Leberwurst bevorzugt verwendeten Innereien enthalten offensichtlich deutlich weniger Vitamin B_1. Bemerkenswert ist der für Fleischerzeugnisse überraschend hohe Folsäurewert in der feinen Leberwurst (Abb. **3**). Unterschiede zwischen Rind- und Schweinefleisch im analysierten Gehalt an Mineralstoffen und Vitaminen waren übrigens auch bei Untersuchungen an Hamburger-Produkten festzustellen (8).

Hohe Bioverfügbarkeit der Nährstoffe

Hervorzuheben ist weiterhin die hohe Bioverfügbarkeit der Nährstoffe. Hemmende oder abträgliche Faktoren sind kaum anzutreffen. Besonders gut untersucht sind diese Verhältnisse beim Eisen. Etwa die Hälfte des Eisengehalts im Fleisch ist sog. Hämeisen, das eine besonders hohe Bioverfügbarkeit aufweist. Darüber hinaus wird bei Anwesenheit von Hämeisen auch das Nicht-Hämeisen in seiner Verfügbar-

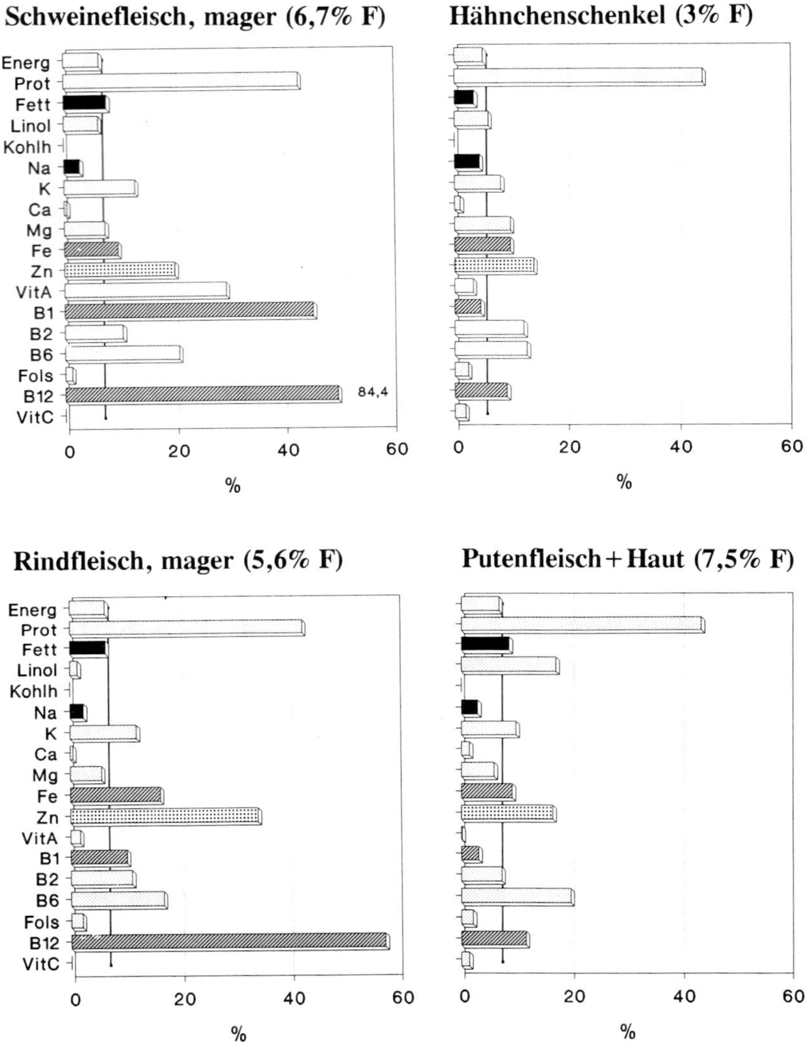

Abb. 2 Vergleich der Energie- und Nährstoffzufuhr durch 100 g mageres Fleisch verschiedener Tierarten in % der empfohlenen Zufuhr für eine 15–19 Jahre alte Frau (durchgezogene Linie = Energiezufuhr als Leitlinie zur Abschätzung der Nährstoffdichte).

keit verbessert. Letztere Wirkung kann auch durch das Vitamin C übernommen werden; die hohe Bioverfügbarkeit des Hämeisens selbst ist jedoch ein exklusiver Vorzug von Fleisch (und Blut). Tab. **1** verdeutlicht die Zusammenhänge insbesondere unter Berücksichtigung des Versorgungsstatus. Es wird bereits daraus deutlich, daß die Vorteile des Hämeisens insbesondere Frauen mit geringen Eisenreserven zugute kommen. Aus den Daten von Tab. **1** ergibt sich die notwendige tägliche Eisenzufuhr (Bruttobedarf) zur Deckung der Eisenverluste vor allem durch die Regelblutung (Tab. **2**). Die Herabsetzung der empfohlenen täglichen Zufuhr an Eisen für Frauen im Alter von 15–51 Jahren von vorher 18 mg auf jetzt 15 mg/Tag durch die DGE (Empfehlungen 1985 vs. 1991) ist die Konsequenz aus der Erkenntnis, daß bei uns generell von einer hohen Bioverfügbarkeit des Eisens ausgegangen werden kann. Dazu leistet Fleisch sicherlich einen erheblichen Beitrag (Tab. **1** u. **2**).

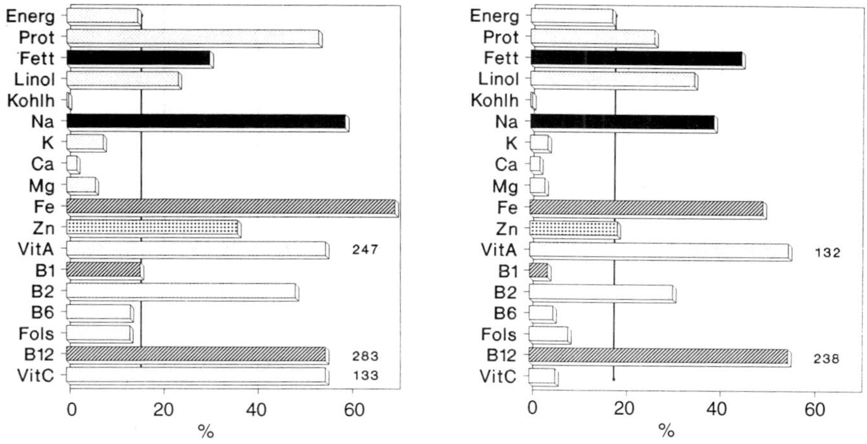

Leberwurst „fein" (26 % Fett) Leberwurst „einfach" (38 % Fett)

Abb. 3 Vergleich der Energie- und Nährstoffzufuhr durch 100 g Leberwurst „fein" (links) bzw. Leberwurst „einfach" (rechts) in % der empfohlenen Zufuhr für eine 15–19 Jahre alte Frau (durchgezogene Linie = Energiezufuhr als Leitlinie zur Abschätzung der Nährstoffdichte).

Die „Berliner Vegetarierstudie" (DGE 1988) zeigte, daß diese mehr theoretischen Überlegungen auch praktische Relevanz haben (s. Tab. 3). Der Prozentsatz an Frauen, die auf ihre Eisenzufuhr besonders achten müssen, ist zwar gering (zumeist unter 10–15 %). Es sind vor allem Mädchen und junge Frauen betroffen, eine Gruppe, die leider heute zunehmend dazu tendiert, immer weniger Fleisch zu verzehren.

Bemerkenswert ist außerdem der Beitrag von Fleisch an der Versorgung mit Zink von sicherlich ebenfalls hoher Bioverfügbarkeit. Leider ist noch zu wenig auf diesem speziellen Gebiet bekannt. Die Bedeutung der Rolle von Fleisch hinsichtlich der Versorgung mit Zink (und ggf. weiteren Spurenelementen) sollte mit Priorität untersucht werden (Tab. **3**).

Tab. **3** zeigt außerdem, daß auch bei Vitamin B_{12} eine Versorgungslücke auftreten könnte, wenn auf Fleisch verzichtet wird. Bei diesem Vitamin besteht allerdings die günstige Situation, daß es in hoher Menge in der Leber gespeichert werden kann. Ein vorübergehendes bis mittelfristiges Defizit kann somit über Jahre aus den Reserven ausgeglichen werden, zumal Lakto-Ovo-Vegetarier eine Mindestversorgung an Vitamin B_{12} sicherstellen können (wie auch in Tab. **3** ersichtlich). Bei gänzlichem Verzicht auf Schweinefleisch kann auch das Vitamin B_1 knapp werden, wenn nicht alternativ dazu ausreichend Vollkornerzeugnisse verzehrt werden (5,7).

Tab. 1 Prozentuale Absorption von Eisen aus verschiedenem Angebot und bei unterschiedlicher Versorgungslage (nach *Monsen* et al. 1978).

	Frauen		Männer	
Eisenspeicher im mg[1] (= Versorgungsstatus schlecht bis gut)	0	250	500	1 000
	Verwertung in % der Zufuhr			
Häm-Eisen[2]	35	28	23	15
sonstiges Eisen:				
niedrig verfügbar[3]	5	4	3	2
mittel verfügbar[4]	10	7	5	3
hoch verfügbar[5]	20	12	8	4

1 als Ferritin und Hämosiderin hauptsächlich in Leber, Milz und Knochenmark
2 als Hämoglobin und Myoglobin in Blut, Fleisch und Innereien
3 < 30 g Fleisch und < 25 mg Vitamin C / Tag
4 30–90 g Fleisch oder 25–75 mg Vitamin C / Tag
5 > 90 g Fleisch oder > 75 mg Vitamin C / Tag oder 30–90 g Fleisch plus 25–75 mg Vitamin C / Tag

Bioverfügbarkeit:	gering	mittel	hoch
	benötigte Eisenzufuhr pro Tag in mg		
tägl. Eisen-Verluste (Anteil der Frauen)			
bis 1,3 mg (50 % der Frauen)	26	13	6,5
bis 1,8 mg (30 % der Frauen)	36	18	9
bis 2,8 mg (15 % der Frauen)	56	28	14
> 2,8 mg (5 % der Frauen)	> 56	> 28	> 14

Tab. 2 Täglicher Bruttobedarf an Eisen bei unterschiedlicher Bioverfügbarkeit (s. Tab. **1**) des Eisens in der Nahrung (aus *Bothwell* and *Carlton,* 1981).

	Männer		Frauen	
	V	NV	V	NV
Durchschnittliche Aufnahme				
Eisen, mg	18	17	15	14
Vitamin B_{12}, µg	2,8*	6,5*	2,2**	4,8 **
Blutwerte (Versorgungsstatus)				
Serum-Eisen (µg/dl)	104	111	93	104
davon < 60 µg/dl	12 %	3 %	–	–
bzw. < 40 µg/dl	–	–	7 %	3 %
Serum-B_{12} < 150 pg/dl	16 %	2 %	11 %	2 %

*/** signifikante Unterschiede , – = nicht bestimmt

Tab. 3 Mittelwerte im Verzehr einiger Nährstoffe pro Tag sowie einige klinische Meßgrößen bei Vegetariern (V) und Nicht-Vegetariern (NV). (Berliner Vegetarier Studie, aus: Ernährungsbericht, 1988).

Wie oft in der Woche Fleisch?

Nachfolgend soll aufgrund von Berechnungen auf der Basis der in Fleisch reichlich vorkommenden Nährstoffe versucht werden, festzustellen, wieviel Fleisch pro Person in der Woche benötigt wird, um eine gewisse Zufuhr an diesen Nährstoffen sicherzustellen. Für die Berechnungen wurden die in Tab. **4** zusammengefaßten Annahmen zugrunde gelegt.

Die Berechnungen ergaben, daß je nach Nährstoff und Fleischart 250 g (Schweinefleisch für Vit. B_1) bis 6,4 kg (Brathähnchen für Vit. B_1) nötig wären, um die oben genannten Bedingungen zu erfüllen. Als Quintessenz daraus ergibt sich die in Tab. **5** aufgezeigte Situation. Es sei an dieser Stelle jedoch deutlich darauf hingewiesen, daß die Beispiele in Tab. **5** im wesentlichen für mageres Fleisch gelten. Bei fettem Fleisch müßte man wesentlich mehr verzehren, was sich wegen der Notwendigkeit der Begrenzung der Fett- und Energiezufuhr insbesondere aus ernährungsmedizinischen Gründen verbietet (s. oben). Somit müssen heute viele der auf dem Markt verfügbaren Fleischerzeugnisse relativ kritisch bewertet werden, wie auch bereits Abb. **1** und **3** gezeigt hatten.

Tab. 4 Vorgaben für die Berechnung der „notwendigen“ bzw. erlaubten Zufuhr an Fleisch pro Woche.

1. 60 % der empfohlenen Zufuhr für den jeweiligen Nährstoff reichen zur Deckung des Basisbedarfs.
2. Mindestens die Hälfte davon wird durch die übrige Nahrung gedeckt.
3. Die Zufuhr durch Fleisch soll demnach bis zu 30 % der pro Tag empfohlenen Nährstoffzufuhr betragen.

Basis: Empfohlene Zufuhr für eine junge Frau (15–19 Jahre); BLS II, 1991

Liegt der Fehler im System?

Die konsequente Umsetzung der neuesten Ernährungsempfehlungen würden eine drastische Änderung der bisherigen Verzehrgewohnheiten bedingen. Das einfache Rezept „weniger Fleisch ...“ reicht dazu nicht aus. Die Kampagne in den USA zur Reduzierung von Fett und von „gesättigten Fetten“ in *allen Bereichen* ist da schon vielversprechender (6). Die auch bei uns propagierte Reduktion des Fettanteils in unserer Ernährung auf 30 Energieprozent muß erst

Tab. 5 „Notwendiger" bzw. „erlaubter" Verzehr an magerem Fleisch (ca. 6 % Fett) pro Woche in Abhängigkeit von der Versorgung mit kritischen Nährstoffen (Tagesportion = 150 g).

Nährstoff	Fleischart (optimal)	Fleischverzehr pro Woche
„notwendiger" Fleischverzehr (bis 30 % der Empfehlungen)		
Thiamin	Schwein	0* bis 3×
Vit. B_{12}	Schwein/Rind	2 bis 3×
Eisen	Rind	0 bis täglich**
Zink	Rind/Schwein	4× bis täglich
erlaubter Fleischverzehr (Basis Nährstoffdichte)		
Gesamtfett	Rind	fast täglich***
gesättigte Fettsäuren	Rind	5 bis 6×***

* bei reichlichem Verzehr von Vollkornprodukten
** junge Frauen mit Eisenmangel
*** bei doppeltem Fettgehalt (12 %) 4× bzw. 3–4×

noch mit Leben erfüllt werden, und das bis hinein in den Kochtopf. Dazu bedarf es allerdings einer entsprechenden Aufklärung und Beratung. Bisher wurde leider die Motivation der Konsumenten recht erfolgreich in ganz andere Richtung gelenkt (Schönheitsideal, sportiv usw.). Der allzu fahrlässige „Ausverkauf des Attributs leicht" (7) hat ebenfalls mehr verunsichert als geholfen.

Wie anderweitig ebenfalls bereits ausgeführt wurde (7), ist heute trotzdem ein breites Angebot an Möglichkeiten zur gesunden Ernährungsweise vorhanden. Dazu gehören sogenannte Vollwert-Menüs in Kantinen, die ohnedies im Trend liegenden „mediterranen" und „fernöstlichen" Gerichte und nicht zuletzt auch spezielle Angebote der Ernährungswirtschaft (auch wenn das Attribut „leicht" dafür inzwischen „out" ist). Das nachstehende Beispiel (Abb. **4**) aus unseren Untersuchungen an „Standard- und Vollwert"-Menüs der Kieler Mensa zeigt (9), daß die Vollwertmenüs im Mittel tatsächlich fettärmer und reicher an manchen Nährstoffen waren als die Standardmenüs auf der Basis von Fleisch. Nicht immer war es das Fleischerzeugnis selbst, das den erhöhten Fettgehalt verursachte, sondern eher das „Umfeld" (Soßen ect.). Es gab auch ein relativ fettreiches Vollwertmenü (mit reichlich Sahnesoße). Auch der magere Fisch in Specksoße und der Spargel in Butter ließen sich als Beispiele für die sekundäre Anreicherung eines an sich mageren Produktes mit Fett anführen (Abb. **4**).

Die Beispiele zeigen aber auch, wo man ansetzen kann und muß, um eine Fettreduktion zu erreichen. Der Verzicht auf Fleisch reicht

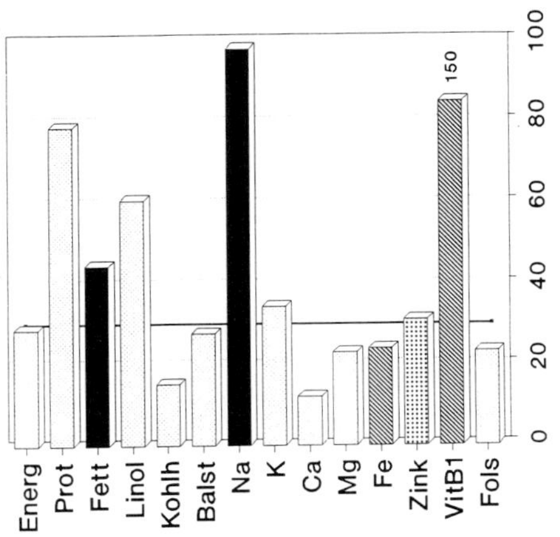

Standardgerichte (n = 5x2)

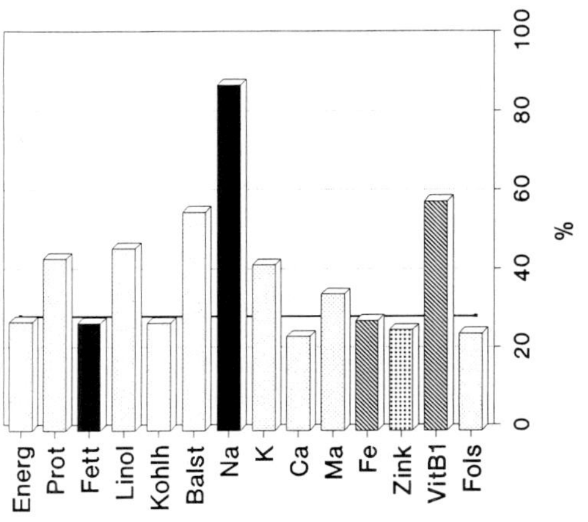

Vollwertgerichte (n = 5x2)

Abb. 4 Mittelwerte der Energie und Nährstoffzufuhr durch jeweils 5 Mittagsmahlzeiten (Doppelproben) der Kieler Mensa II in % der empfohlenen Zufuhr für eine 15–19 Jahre alte Frau (9) (durchgezogene Linie = Energiezufuhr als Leitlinie zur Abschätzung der Nährstoffdichte).

allein nicht aus, wie auch die Berliner Vegetarierstudie zeigte; es muß das ganze Ernährungssystem bereinigt werden. Das Haupthindernis dabei ist leider der gute Geschmack der fettreichen (und der süßen) Mahlzeiten, der den Verzicht so schwierig macht.

Zusammenfassung

Abschließend wird die Botschaft, die dieser Beitrag zu vermitteln suchte, durch 7 Statements zusammengefaßt.

1. Aus ernährungsphysiologischer Sicht ist heute im Prinzip jedes Lebensmittel ersetzbar – auch Fleisch. Ein gänzlicher Verzicht auf Fleisch kann jedoch für die Ernährung der Gesamtbevölkerung nicht befürwortet werden, da hierfür die ernährungsbewußte Grundeinstellung unbedingte Voraussetzung ist.
2. Trotzdem ist Fleisch hinsichtlich seiner Bedeutung als unverzichtbares Lebensmittel in der Priorität zurückgefallen und rangiert inzwischen nach z. B. Getreide, Milch und Gemüse.
3. Auch wenn Fleisch keinen Nährstoff „exklusiv" enthält, wie etwa die Milch das Kalzium, besitzt es jedoch hohe Anteile an wertbestimmenden Nährstoffen. Dies ist nicht in ausreichendem Maße bekannt und müßte mehr publik gemacht werden.
4. Für bestimmte Bevölkerungsgruppen – z. B. junge Frauen mit erhöhtem Eisenbedarf – sollte Fleisch tatsächlich unverzichtbar sein und ist (von massiven Mangelerscheinungen abgesehen) einem Einsatz von Eisenpräparaten vorzuziehen. Die Bedeutung der dominanten Rolle von Fleisch hinsichtlich der Versorgung mit Zink (und ggf. weiteren Spurenelementen) sollte mit Priorität untersucht werden.
5. Auch die überragenden Gehalte an den Vitaminen B_6, B_{12} und bei Schweinefleisch an Thiamin (B_1) unterstützen die Empfehlung, gelegentlich Fleisch zu verzehren (2–4mal in der Woche à ca. 150 g).
6. Alle ernährungsphysiologischen Kalkulationen und Empfehlungen gelten auf der Basis von „magerem Fleisch". Es gibt keine direkten ernährungsphysiologischen Argumente, die für fettes Fleisch oder fette Fleischerzeugnisse sprechen.
7. Aus ernährungsphysiologischer Sicht reicht die unter Punkt 5 gegebene Empfehlung für die meisten Bevölkerungsgruppen aus. Eine obere Grenze für den Fleischverzehr zu geben, ist nicht Aufgabe einer ernährungsphysiologischen Sichtweise.

Literatur

1 *Bothwell, T. H., R. W. Carlton* (eds.): Iron Deficiency in Woman. The Nutrition Foundation, Washington D. C. (1981)

2 *Bundesgesundheitsamt:* Bundeslebensmittelschlüssel II.1. (BLS). Bundesgesundheitsamt, Berlin (1989)

3 *DGE (Deutsche Gesellschaft für Ernährung):* Empfehlungen für die Nährstoffzufuhr, 4. und 5. Überarbeitung. Umschau Verlag, Frankfurt/Main 1985, 1991

4 *DGE (Deutsche Gesellschaft für Ernährung):* Ernährungsbericht, 1988). Henrich, Frankfurt/M. (1988)

5 *Erbersdobler, H. F.:* Ernährungsphysiologische Qualität von Schweinefleisch. Die Fleischerei 36 (1985) 54–55

6 *Erbersdobler, H. F.:* Auswirkung der neuen Ernährungsempfehlungen auf die Lebensmittelqualität. Vorträge zur 38. Hochschultagung 1987, Schriftenreihe der Agrarwissenschaftlichen Fakultät der Christian-Albrechts-Universität zu Kiel, 69. Verlag Paul Parey, Hamburg (1987) 189–197

7 *Erbersdobler, H. F.:* Zur Umsetzung naturwissenschaftlicher Erkenntnisse in der Humanernährung. Ernährung/Nutrition 16 (1992) 703–707

8 *Ebersdobler, H. F., A. Schmitz, E. A. Trautwein:* Untersuchungen zur Nährstoffversorgung ausgewählter Bevölkerungsgruppen durch Fast Food-Verpflegung: 2. Mineralstoffe und Vitamine. Ernährungs-Umschau 36 (1989) 402–409

9 *Fernbacher, W., H. F. Erbersdobler:* Vergleichende Untersuchungen von Standard- und Vollwertmenüs in der Gemeinschaftsverpflegung. Ernährungs-Umschau 39 (1992) 174

10 *Monsen, E. R., L. Hallberg, M. Larysse, D. M. Hegsted, J. D. Cook, W. Mertz, C. A. Finch:* Estimation of available dietary iron. Amer. J. Clin. Nutr. 31 (1978) 134–140

Fleisch aus ernährungsmedizinischer Sicht

H. Kasper

Bei der Beurteilung des Lebensmittels Fleisch aus ernährungsmedizinischer Sicht stellen sich zwei Fragen:

1. Begünstigt der Verzehr von Fleisch und aus Fleisch hergestellten Lebensmitteln (F. u. F.) die Entstehung von Erkrankungen?
2. Wird der Verlauf von Erkrankungen durch den Verzehr von Fleisch beeinflußt?

Zu 1

Die Mehrzahl der Bevölkerung westlicher Industrieländer deckt einen wesentlichen Teil der Gesamtenergiezufuhr durch F. u. F. Mögliche negative Effekte dieses vergleichsweise hohen Verzehrs werden sowohl in der Laien- als auch in der Medizinischen Fachpresse kontrovers diskutiert. Nach Angaben des Ernährungsberichtes der Deutschen Gesellschaft für Ernährung 1992 bezeichneten sich 5–7 % der deutschstämmigen Bevölkerung der alten Bundesländer als Anhänger der Vollwerternährung, eines Ernährungskonzeptes, welches überwiegend auf dem Verzehr von Lebensmitteln pflanzlicher Herkunft beruht. Als Grund für die negative Einstellung gegenüber F. u. F. wurden in 47 % der Fälle ungünstige Einflüsse auf Gesundheit, Fitneß und Leistungsfähigkeit angegeben.

Bei einer in Würzburg durchgeführten Befragung von 195 Medizinstudenten/innen, Krankenschwestern und Schüler/innen von Schulen für medizinische Assistenzberufe, bezeichneten sich 9 % als Vegetarier. 22 % derer, die regelmäßig F. u. F. verzehrten glaubten, ein Verzicht auf diese Lebensmittel wäre für ihre Gesundheit besser. Diese Zahlen zeigen, daß Fleisch und hieraus hergestellte Lebensmittel von einem Teil der Bevölkerung negativ beurteilt werden.

Inhaltsstoffe von Lebensmitteln können sowohl direkt die Entstehung und den Verlauf von Erkrankungen beeinflussen, sie können aber auch dann – und dies wäre bei F. u. F. zu diskutieren – wenn sie wesentlich zur Deckung des Energiebedarfs beitragen, den Verzehr von Lebensmitteln mit hohem Anteil an protektiven Inhaltsstoffen verringern. Werden beispielsweise bei einem mittleren Energiebedarf von 2500 kcal/Tag zu 3 Mahlzeiten F. u. F. in einer üblichen Menge verzehrt, so werden bereits hiermit etwa 1100 kcal aufgenommen, so daß noch etwa 1400 kcal zur Deckung des Bedarfs an den überwiegend bzw. ausschließlich in pflanzlichen Lebensmitteln vorkommenden Nährstoffen wie Vitamin C, Carotine etc. und den Ballaststoffen verbleiben.

Bei regelmäßigem Verzehr von F. u. F. ist ein möglicher negativer Effekt folgender Inhaltsstoffe zu diskutieren:

Fett und Protein

Nach Ergebnissen der Nationalen Verzehrsstudie (1) werden etwa 30 % der Fettenergie in Form von F. u. F. aufgenommen. Obwohl der Fettgehalt von Fleisch u. Wurst seit Jahren rückläufig ist, liegt zumindest regional (vgl. Abb. **1**) der Fettgehalt von Wurst z. T. deutlich über dem in der Bundesrepublik ermittelten Durchschnitt (vgl. Beitrag *K. O. Honikel*).

Nach Ergebnissen der VERA-Studie ist der Wurstverzehr regional unterschiedlich. Personengruppen mit niedrigem Ausbildungsstand und hohem BMI weisen den höchsten Verzehr auf (2), so daß ein negativer Effekt der genannten Ernährungsgewohnheit, zumindest bei dieser Personengruppe, sehr wahrscheinlich ist.

Die Auswertung von Ernährungsprotokollen der Stoffwechselambulanz der Medizinischen Klinik der Universität Würzburg ergab bei über 80 % der Patienten mit einem Typ-II-Diabetes bzw. einer Hyperlipoproteinämie einen regelmäßigen Verzehr von Wurstwaren und ausschließlich hierdurch bedingt, bereits

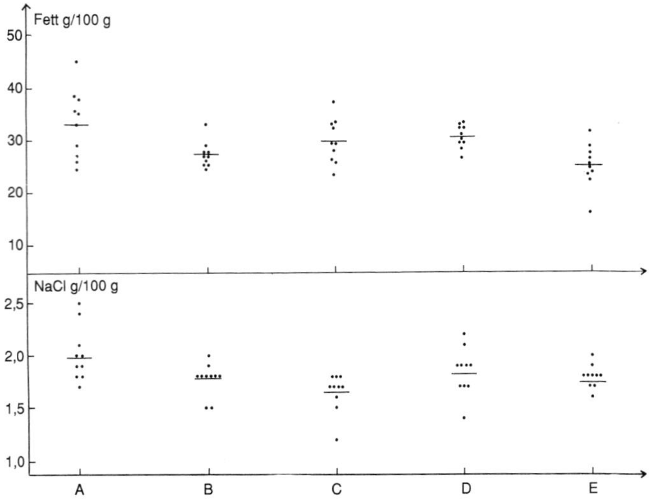

Abb. 1 Fett- und Kochsalzgehalt von 5 Wurstsorten. Proben im November 1993 in zehn Metzgereien in Würzburg gekauft (Untersucher: Prof. Dr. *E. Muskat*, Staatliches Medizinal-, Lebensmittel- und Veterinäruntersuchungsamt Gießen).
A Kalbsleberwurst, **B** Fleischwurst, **C** Gelbwurst, **D** Leberkäse, **E** Mortadella.

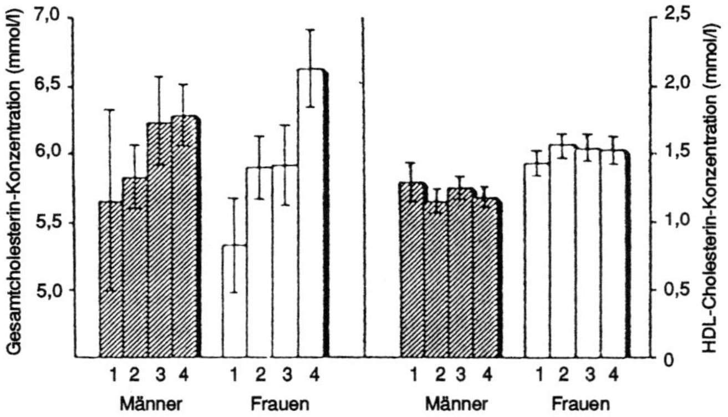

Abb. 2 Mittelwerte der Gesamt- und HDL-Cholesterin-Konzentration in Abhängigkeit vom durchschnittlichen Fleisch- und Wurstwarenkonsum (1: höchstens einmal pro Woche, 2: zwei- bis dreimal pro Woche, 3: vier- bis sechsmal pro Woche, 4: täglich) (4).

eine mittlere tägliche Zufuhr von etwa 56 g Fett bei Typ-II-Diabetikern und etwa 60 g bei Hyperlipämikern.

Serumcholesterin

Die häufig gemachte pauschale Aussage, tierische Fette mit nur geringem Anteil an mehrfach ungesättigten Fettsäuren steigern und pflanzliche Fette mit hohem Anteil an mehrfach ungesättigten Fettsäuren senken die *Serumcholesterinkonzentration*, bei der weitere Unterschiede im Fettsäuremuster unberücksichtigt bleiben, ist nur partiell richtig. Der cholesterinspiegelsteigernde Effekt der verschiedenen gesättigten Fettsäuren ist sehr unterschiedlich, und die früher falsch beurteilten einfach ungesättigten Fettsäuren, deren Anteil auch in tierischen Fetten hoch sein kann, wirken ebenfalls erniedrigend auf die Serum-Cholesterinkonzentration (3). Viele Befunde wie beispielsweise das in Abb. 2 dargestellte Ergebnis (4) sprechen jedoch dafür, daß ein hoher Verzehr von F. u. F. mit hohen Serum-Cholesterinkonzentrationen einhergeht.

Andererseits weisen Vegetarier günstigere Lipidparameter auf als Gemischtköstler (5). Diese auch in einer Vielzahl weiterer Studien belegte, im Zusammenhang mit der Arterioskleroseprophylaxe günstigere Serumlipidkonzentration ist sicher nicht ausschließlich von der Höhe des Verzehrs von F. u. F., sondern vielen Faktoren mit abhängig, so beispielsweise dem bei Vegetariern meist niedrigeren Körpergewicht, dem höheren Verzehr von Ballaststoffen, der geringeren Zufuhr von Cholesterin, etc.

Umstritten ist der unterschiedliche Einfluß von tierischem und pflanzlichem Protein auf die Serumlipidkonzentration. Insbesondere durch Ersatz von Fleisch- und Milchprotein durch Sojaprotein konnten bei ansonsten konstanter Nährstoffzufuhr immer wieder positive Effekte auf die Serumcholesterinkonzentration gesehen werden, die möglicherweise durch die unterschiedliche Lysin-Arginin-Relation der Proteine bedingt sind (3, 6, 7).

Karzinogenese (siehe Beitrag J. H. Weisburger)

Neben den genannten Beziehungen eines hohen Verzehrs an tierischem Fett und Protein für die Entstehung einer Hyperlipidämie und Entwicklung der Arteriosklerose ist derzeit von weltweitem Interesse die Bedeutung des Fett- und Proteinkonsums für die *Karzinogenese im Kolon* (Lit. bei 8 u. 9). Daß ein hoher Fettkonsum – abgesehen von den Omega-3-Fettsäuren weitgehend unabhängig vom Fettsäuremuster – das Kolonkarzinomrisiko steigert, gilt als gesichert.

Hoher Fettverzehr bedeutet vermehrten Übertritt von primären Gallensäuren ins Kolon. Hier erfolgt unter dem Einfluß der Darmbakterien eine partielle Umwandlung in sekundäre Gallensäuren, von denen insbesondere die Desoxicholsäure als Co-Karzinogen wirkt.

Die Umwandlung von primären zu sekundären Gallensäuren ist pH-abhängig. Ein relativ hoher Verzehr stärke- und ballaststoffreicher Lebensmittel ist die Voraussetzung für die bakterielle Synthese kurzkettiger Fettsäuren im Kolon, die eine Erniedrigung des pH-Wertes bewirken. Eine Ernährung reich an Fett bei gleichzeitig geringem Stärke- und Ballaststoffverzehr stellt folglich eine besonders ungünstige Kombination dar und schafft die intraluminalen Voraussetzungen für ein erhöhtes Karzinomrisiko (Lit. bei 3).

Es gibt zusätzlich epidemiologische und experimentelle Befunde, die dafür sprechen, daß auch ein hoher Fleischverzehr das Risiko der Karzinomentstehung im Dickdarm steigert. Obwohl die Tatsache, daß ein hoher Fleisch- und Fettkonsum meist eng korrelieren, die Interpretation epidemiologischer Daten erschwert, gibt es eindeutige Befunde, die eine enge Beziehung zwischen Fleischverzehr und Kolonkarzinomhäufigkeit stützen. Das Risiko der Karzinomentwicklung im Kolon beträgt bei Vegetariern und Religionsgruppen mit überwiegend vegetarischer Ernährungsweise nur etwa 50 % des Risikos der Durchschnittsbevölkerung. Aus Untersuchungen an Patienten mit einer Ileostomie ist bekannt, daß in Abhängigkeit von der Proteinaufnahme Stickstoff in Form von Proteinen, Peptiden, Ammoniak, Harnstoff, Aminosäuren etc. ins Kolon übertritt. Eine Reihe der bei der bakteriellen Fermentation anfallenden Abbauprodukte begünstigen aufgrund experimenteller Daten die Karzinogenese (Lit. bei 10).

Auch die bei der Hitzebehandlung von Fleisch, insbesondere beim Braten und Grillen, entstehenden Pyrolyseprodukte wirken z. T. karzinogen. Es muß folglich nicht nur die verzehrte Proteinmenge, sondern auch die Art der Zubereitung mit in die Überlegungen einbezogen werden (Lit. bei 8).

Kochsalz

Hoher Kochsalzverzehr ist der entscheidende Manifestationsfaktor für die in westlichen Industrieländern häufige essentielle Hypertonie. Eine Verminderung der Kochsalzzufuhr auf weniger als 6 g/Tag (2,3 g Natrium entsprechend) wird als wünschenswert angesehen (11). Es muß davon ausgegangen werden, daß in der Bundesrepublik rund 30 % der Gesamt-Natriumzufuhr in Form von Fleischwaren erfolgt (12). Abb. **1** gibt einen Hinweis auf den in Wurstwaren zum Teil hohen Kochsalzgehalt.

Eisen

Fleisch ist ein wertvoller Eisenlieferant. Hämeisen und Myoglobineisen haben im Vergleich zu Eisen pflanzlicher Lebensmittel einen hohen Ausnutzungsgrad. Zusätzlich steigert Fleisch- und Fischverzehr die Resorption von Nicht-Hämeisen (13). Ausgehend von einer 1992 veröffentlichten, prospektiven, finnischen Studie, bei der sich ein signifikant höheres Myokardinfarktrisiko für Männer mit Serumferritinkonzentrationen über 200 µg/dl fand, wird diskutiert, ob eine Eisenüberladung auf dem Wege über eine vermehrte Freisetzung freier Radikale die Arterioskleroseentstehung fördert (Lit. bei 14). Ob die mit hohem Fleischverzehr einhergehende vermehrte Eisenzufuhr den sog. oxidativen Streß steigert, und möglicherweise negative gesundheitliche Folgen hat, bedarf weiterer Abklärung.

Zu 2

Die Höhe des Verzehrs an F. u. F. als wesentliche Protein- und Fettlieferanten hat bei einer Vielzahl von Erkrankungen einen gesicherten Einfluß auf den Verlauf und die klinische Symptomatik. In der klinischen Praxis werden diese Erkenntnisse seit langem umgesetzt. Beispiele sind die Primär- und Sekundärprävention arteriosklerotischer Gefäßerkrankungen, insbesondere der Koronarsklerose, die Anpassung der Proteinzufuhr an die Restfunktion der Niere bei fortgeschrittenen Nierenerkrankungen, die Fettrestriktion bei exkretorischer Pankreasinsuffizienz etc. Auf zwei Erkrankungen soll hier hingewiesen werden.

Hepatische Enzephalopathie

Seit den Untersuchungen von *Hahn* und *Pawlow* 1893 an Hunden mit Eckscher Fistel ist bekannt, daß sich bei Verfüttern von Fleisch eine Enzephalopathie entwickelt, die sich nach Umsetzen auf ein aus Milch und Brot bestehendes Futter zurückbildet. Hiermit war im Tierexperiment sowohl die Bedeutung der Leber als auch der Ernährung für die Entstehung der Enzephalopathie belegt.

Eine Vielzahl klinischer Studien an Leberzirrhotikern im fortgeschrittenen Stadium hat gezeigt, daß sowohl die Menge als auch die Art des Nahrungseiweißes den Grad der Enzephalopathie bestimmen. Von den tierischen proteinreichen Lebensmitteln werden gleiche Mengen an Milchprotein besser toleriert, als Fleischprotein. Dieser Unterschied wird auf den vergleichsweise hohen Gehalt an aromatischen und schwefelhaltigen Aminosäuren und dem niedrigen Gehalt an verzweigtkettigen Aminosäuren im Fleisch, als auch auf den mit Milch und Milchprodukten aufgenommenen Milchzucker zurückgeführt. Lactose tritt bei dem relativ häufigen Lactasemangel z. T. ins Kolon über und wird dort bakteriell zu organischen Säuren abgebaut. Die pH-Verschiebung wiederum hemmt die Ammoniakresorption und das unter Lactose vermehrte Bakterienwachstum führt zu einer vermehrten Bindung von Stickstoff in Form von Bakterienprotein, beides Vorgänge, die der Entstehung einer Enzephalopathie entgegenwirken.

Auch die in einer Reihe von Studien belegte bessere Toleranz pflanzlicher, im Vergleich zu tierischen Proteinen, ist sowohl Folge des unterschiedlichen Aminosäuremusters als auch des vergleichsweise hohen Ballaststoffanteiles einer Kost, reich an pflanzlichem Protein. Ballaststoffe reduzieren in gleicher Weise wie Milchzucker – durch Passagebeschleunigung im Kolon, Verschiebung des Keimspektrums, Steigerung der Fermentation mit vermehrter Bildung kurzkettiger Fettsäuren, vermehrter N-Inkorporation in Bakterienproteine etc. – den Einstrom „toxischer" Substanzen aus dem Kolonlumen in das Pfortaderblut (3, 15, 16). Eine lactovegetabile Ernährung ist deshalb bei fortgeschrittener Leberzirrhose mit erheblicher Funktionseinschränkung einer üblichen Mischkost vorzuziehen.

Chronische Polyarthritis

Die seit langer Zeit immer wieder gemachte Beobachtung, nach der eine vegetarische Ernährung die Symptomatik bei chronischer Polyarthritis positiv beeinflußt, wurde in neuerer Zeit unter klinischen Bedingungen überprüft und bestätigt (Lit. bei 3). Nach Untersuchungen von *Adam* (17) muß dieser positive Effekt zumindest weitgehend darauf zurückgeführt werden, daß die Fettsäure Arachidonsäure als Ausgangssubstanz für die Synthese von Entzündungsmediatoren ausschließlich in tierischen Fetten enthalten ist. Die Umwandlung von Linolsäure in Arachidonsäure ist für den Menschen begrenzt. Je höher das Angebot an Linolsäure mit der Nahrung, um so geringer ist die Synthese an Arachidonsäure im menschlichen Organismus, da das Enzym Delta-6-Desaturase durch Linolsäure gehemmt wird. Da der Verbrauch an Arachidonsäure nur gering ist, reichert sich die mit tierischen Fetten zugeführte Arachidonsäure in Körperzellen an, wo sie dann als Ausgangssubstrat für die Synthese spezieller Eicosanoide, zu denen die Entzündungsmediatoren gehören, zur Verfügung steht. Der vegetarischen Ernährung kommt aufgrund neuerer Therapiestudien eine Bedeutung als adjuvante Therapie bei chronischer Polyarthritis zu.

Literatur

1 *Nationale Verzehrsstudie:* Gesellschaft für Konsum und Absatzforschung AG Gesundheitsforschung und Co KG, Ernährungsforschung (1991)

2 VERA-Schriftenreihe, Herausgeber: *Kübler, W., H. J. Anders, W. Heechen, M. Kohlmeier:* Band III, 1992, Wissenschaftlicher Verlag Dr. Fleck, Niederkleen.

3 *Kasper, H.:* Ernährungsmedizin und Diätetik, 7. Auflage. Verlag Urban & Schwarzenberg, München (1991)

4 *Bodenmann, A., U. Ackermann-Liebrich, U. Keller:* Fleischkonsum und Serumcholesterinkonzentration. Dtsch. Med. Wschr. 116 (1991) 1089 – 1094

5 *Richter, V., F. Rassoul, K. Purschwitz, B. Hentschel, W. Rotzsch:* Lipidscreening auf Bevölkerungsebene und bei Vegetarieren. Akt. Ernähr.-Med. 18 (1993) 286 – 290

6 *Holmes, W. L., G. B. Rubel, S. S. Hood:* Comparison of the effect of dietary meat versus dietary soybean protein on plasma lipids of hyperlipidemic individuals. Atherioslerosis 36 (1980) 379 – 387

7 *Wolfe, B. M., P. M. Giovanetti, D. C. H. Cheng, D. C. K. Roberts, K. K. Carroll:* Hypolipidemic effect of substituting soybean protein isolate for all meat and dairy protein in the diets of hypercholesterolemic men. Nutr. Report Internat. 24 (1991) 1187 – 1198

8 *Kasper, H., P. Bartram, W. Scheppach:* Tumorentstehung – hemmende und fördernde Effekte von Ernährungsfaktoren. In: Ernährungsbericht der deutschen Gesellschaft für Ernährung 1992. Druckerei Henrich, Frankfurt (1992) 251 – 286

9 *Weisburger, J. H., C. L. Horn, E. L. Wynder:* Mechanisms of nutritional elements in prevention of cancer and other chronic diseases. In: Recent Advances in clinical nutrition: 3, Ed. by G. Schlierf. John Libbey and Company, London (1993) 83 – 96

10 *Scheppach, W., H. Kasper:* Carbohydrats, protein and large bowel cancer. In Recent advances in clinical nutrion: 3, Ed. by G. Schlierf. John Libbey and Company, London (1993) 107 – 115

11 Stellenwert der Kochsalzrestriktion in der Prävention und Behandlung der Hypertonie – 1. Consensuskonferenz der Deutschen Akademie für Ernährungsmedizin. Akt. Ernähr.-Med. (1994) 40 – 41

12 *Schlierf, G., L. Arab, B. Schellenberg:* Zum Kochsalzverbrauch in Deutschland. Akt. Ernähr. 6 (1981) 123 – 124

13 *Hallberg, L.:* Nahrungsprotein und die Resorption von Mineralien und Spurenelementen, insbesondere Eisen. In Barth, C. A., P. Fürst: Wahl der Nahrungsproteine. J. F. Bergmann-Verlag, München (1988)

14 *Beyrd, L.:* Are we at risk for heart disease because of normal iron status? Nutr. Rev. 51 (1994) 112 – 115

15 *Uribe, M., H. O. Conn:* Dietary management of portal-systemic encephalopathy. In Hepatic encephalopathy: Syndromes and therapies by Conn, H. O., J. Bircher. Medi-Ed Press Bloomington, Illinois, USA (1994)

16 *Bianchi, G. P., G. Marchesini, A. Fabbri, A. Rondelli, E. Bugianesi, M. Zoli, E. Pisi:* Vegetable versus animal protein diet in cirrhotic patients with chronic encephalopathy. A randomized cross-over comparison. J. Intern. Med. 233 (1993) 385 – 392

17 *Adam, O.:* Ernährung als adjuvante Therapie bei chronischer Polyarthritis. Z. Rheumatol. 52 (1993) 275 – 280

Fleischkonsum, Karzinogenese und Herz-Kreislauferkrankungen

J. H. Weisburger

Zusammenfassung

Der Genuß von Kalbfleisch, Schweinefleisch und Rindfleisch ist in den meisten Ländern der Welt althergebrachte Tradition. Die Aufzucht und Fütterung der Schlachttiere hat sich im Lauf der letzten 100 Jahre besonders in den Vereinigten Staaten von Amerika starken Veränderungen unterzogen, und hatte zunächst dazu geführt, daß der Fettgehalt des Fleisches vorwiegend in Form gesättigter Fette, anstieg. Der Verbrauch von Fleisch seitens der Bevölkerung ist auch derart angestiegen, daß Fleisch heute in den USA etwa 25 % der Nahrungsmittel darstellt, und daß mehr als 50 % der Kalorien durch Fleischgerichte aufgenommen werden.

Ein erheblicher Anstieg von Atherosklerose und Herzkreislaufstörungen sind die Folgeerscheinungen dieser Ernährungsweise. Die Erkenntnis dieser Tatsache hat in den letzten 20 Jahren dazu geführt, daß der amerikanische Verbraucher nunmehr weniger Fleisch ißt, und mageres Fleisch verlangt. Somit müssen die Metzgereien und die fleischverarbeitende Industrie sich nun bemühen, weniger fetthaltige Produkte zu liefern. Der Drang zu einer gesünderen Lebens- und Ernährungsweise, dem man auch durch Einschränkung, ja sogar durch Aufgeben des Zigarettenrauchens gerecht wird, was ja ein Hauptrisiko für Herzkrankheiten darstellt, hat in den Vereinigten Staaten zu einem erheblichen Rückgang der Sterblichkeitsziffer geführt.

Fleisch ist eine wichtige Quelle für Eisen, einem der wesentlichen Spurennährstoffe. Jedoch brauchen Männer, wie auch ältere Frauen (nach den Wechseljahren) viel weniger Eisen als man früher angenommen hat. Eisen ist ein Katalysator für die Bildung von hochreaktivem Sauerstoff, und auch von reaktiven Hydroxylgruppen, die sowohl in bezug auf Krebserkrankungen als auch für Herz und Kreislauf schädlich sind. Die Entstehung solcher Radikale kann nur durch optimale Mengen von oxydationshemmenden Stoffen (Antioxidants) verhindert werden. Somit ist eine ausreichende Versorgung mit den Vitaminen C, E und A, sowie mit Karotin und Selen und mit glutathionhaltigen Nahrungsmitteln äußerst wichtig.

Sugimura und Mitarbeiter in Tokyo haben seit 1977 darauf hingewiesen, daß manche Arten der Zubereitung von Fleischwaren, d. h. speziell das Braten und Grillen von Fleisch, zu einer Reihe von mutagenen und genotoxischen Verbindungen in der Stoffklasse der heterozyklischen Amine (HCA) führen. Die Isolierung und Identifizierung der HCA als biologisch aktive Verbindung stellt für die menschliche Ernährung ein weiteres Warnsignal dar, denn HCA haben sich in Versuchen mit Nagetieren und Säugetieren als Erreger von Brustkrebs, Darmkrebs und Pankreaskrebs erwiesen und je nach Struktur können sie auch als Hepatokarzinogene, Blasenkrebserreger und Lymphkarzinome fungieren. Darüber hinaus haben HCA pathologische Veränderungen im Herzen und im Kreislaufsystem hervorgerufen. Adduktbildung mit DNS wurde nicht nur in den Zielorganen für Krebsentwicklung, sondern auch im Herzen der Versuchstiere, einschließlich Affen, beobachtet. Diese Befunde unterstützen die Hypothese, daß die HCA auch in der Pathogenese der in der westlichen Welt auftretenden Krebserkrankungen eine wichtige Rolle spielen und vielleicht auch mit den Frühstadien von Herz- und Kreislauferkrankungen in Verbindung stehen. Alle diese Krankheiten stehen im Zusammenhang mit der Tradition der sehr fetthaltigen Nahrung in der westlichen Welt.

Die Bildung der HCA während des Bratens und Grillens erfolgt über Maillard-Strecker Reaktionsprodukte als Zwischenverbindungen, die dann mit Kreatinin reagieren. Diese Reaktionen können dadurch verhindert oder vermindert werden, daß man sich bei der Zubereitung von Fleischspeisen der Mikrowellen-Methode bedient, daß man den Kreatiningehalt verringert oder, daß man die Reaktion mit Kreatinin durch Zugabe von Tryptophan/Prolin-Antagonisten unterbindet. Auch Proteine der Sojabohne eignen sich zur Unterbindung der HCA-Bildung.

Die angeführten wissenschaftlichen Erkenntnisse weisen den Weg zu einer gesunden Ernährung und zur Verhütung der wichtigsten chronischen Krankheiten unserer Zeit: Man esse kleinere Fleischportionen, im Rahmen einer Diät, die geringere Mengen Fett und Salz enthält, aber mehr Rohfasern durch Obst- und Gemüsekonsum liefert. Darüber hinaus helfen moderne Kochmethoden, die Entstehung von mutagenen und karzinogenen chemischen Verbindungen auszuschalten.

Introduction

Meat is construed to be food derived from beef, veal, pork, lamb, mutton, sheep, chicken, turkey, and sausages containing meat products. These foods are consumed by many people in the world, except for groups who are vegetarians for personal or religious reasons. In Eastern Europe, and China the main type of meat eaten is pork. In the Western world and in South America, beef is the main meat. In the North American Continent, beef and pork are consumed extensively. In the Mediterranean region the favorite type of meat is veal. In North America, beef use has declined for reasons of health, and chicken and turkey intake has increased.

This paper will deal mainly with the health benefits and risks associated with beef and veal use. Participants at this Conference, who's reports are presented in this issue, provide valuable complementary information on customary meat use in Germany and in Europe, the composition and nutritional value of different meats and sausages, and aspects of the effects on health or disease.

Beef obtained from grass fed animals that also need to exercise a fair amount to obtain their food has generally half the fat content, compared to meat obtained from animals that are stationary in stables and who are fed a rich diet including hay, alfalfa and also corn, corn syrup, molasses, and other foods with a fairly high energy content. The latter kind of beef is the main type produced in North America and particularly in the Midwest states of the United States of America.

Health as a Function of Geographic Location

The major chronic diseases in the Western world and parts of Latin America, particularly Argentina, are coronary heart disease, many types of cancer and specifically cancer in the breast, prostate, large bowel, pancreas, ovary and endometrium, and also adult onset diabetes. A fair number of people suffer from hypertension and stroke. In the Asian countries and specifically, Japan and China, the major chronic disease is high blood pressure and stroke. A high incidence of cancer of the stomach in Japan and parts of China and cancer of the esophagus in China as well as a substantial incidence of cancer of the liver in parts of Japan and China are the main chronic diseases. Cancer of the stomach display a high prevalence in parts of Central and South America and in Eastern Europe. In parts of Africa, cancer of the liver is found frequently.

Migrants from one region of the world with high incidence of a given disease to another part with a low incidence, usually leads for the migrants themselves or their descendants to acquire the disease risk prevailing in the local area. Thus, clearly, the incidence of these diseases is not controlled to a major extent by the genetic attributes of the populations, but rather by environmental conditions. These studies in geographic pathology and epidemiology have pointed to lifestyles and in particular, nutritional traditions as relevant to the incidence of the given disease in a specific locale. This is the main topic of this paper. Other lifestyle elements like tobacco use, by smoking or chewing, alcohol beverage intake and exercise play roles in the occurrence of specific chronic diseases. Regular physical exercise is usually protective.

For this reason, a major effort of the staff of the American Health Foundation, and of this author, is to provide the public with information on a new lifestyle designed to avoid the major chronic diseases. Good health into old age and avoidance of chronic diseases is not only important for each individual and family, but plays a major role in lowering the costs of expensive medical treatments required for people who are affected by these chronic diseases.

Meat and Health

Research for the last thirty years, based initially on international disease incidence pattern as a function of nutrition has pinpointed the traditional intake of fat with a number of chronic diseases (*Nelson*, 1993). Saturated fats, as found in meats and dairy products, that overall provide a nutritional intake of fats with a P / S ratio of about 0.3 – 0.5 have been associated with a high risk of atherosclerosis and coronary heart disease, leading to myocardial infarction. This sequence occurs to a high degree in virtually all of the Western world and in Argentina. The main source of saturated fat in Northamerica stems from the intake of meat. In Finland, dairy products, particularly whole milk, used to be a main source of saturated fats. This high intake of whole milk is progressively being replaced by low fat milks, and cigarette smoking has declined sharply. This and other public education programs yielded a dramatic, successfull 50 % reduction in deaths from ischemic heart disease (*Vartiainen* et al., 1994). In the United States, especially in the last 25 years, there has been a reduction of sales of beef, and low fat dairy products are now used preferentially. This change in nutritional habits, together with a reduction in cigarette smoking by those formerly at risk for heart disease, mainly middle class American males, has led to a progressive decline of fatal heart attacks. The American beef industry, whose sales have declined, is now making an effort to produce products containing less fat, and to advertise to the public suggestions that a 3 – 4 ounce steak has less total fat than certain other foods. Also, in the United States, the sale of beef sausages in the form of hot dogs or frankfurters have declined, because the public perceives them to be as source of high fat. Sausages now are produced with low fat turkey meat, containing water retaining additives.

In the United States, and to some extent other parts of the world, the incidence of high blood pressure and stroke has declined sharply over the last 60 years. This is also true for cancer of the stomach (*Howson* et al., 1986). The explanation hinges on a difference in the mode of preservation of foods, and especially of meats and fish. Before the advent of commercial and particularly of home refrigeration, it was customary for meats and fish to be salted, pickled and smoked. These modes of food preservation date to antiquity when salt and salt peter were highly prized articles of trade (*Lauer*, 1991). It was essential for food preservation. Refrigerated food storage has led to a pronounced decrease in the use of these modes of food preservation, with the exception of a small number of specialty foods and sausages. This change in preservation technology, avoiding salting and nitrate (salt peter) treatment for preservation has inadvertently produced the results obtained, namely a decline in high blood pressure, stroke and stomach cancer. This has occurred to a larger extent in North America, compared to Europe and particularly Eastern Europe. In Japan, where stroke was the major killing disease, a national policy instituted in 1982 was to teach people to sharply decrease salt and salted food intake. Likewise in Belgium, Professor *Joossens* (*Joossens* et al. 1985) has introduced such a policy in 1966 and he suggests that the associated chronic diseases have declined more in Belgium than elsewhere in Europe.

Underlying Mechanisms in Heart Disease

1. Saturated Fat Intake

A dietary tradition with a substantial intake of saturated fats results in emulsification in the intestinal track, absorption, and processing of the fatty acids, mainly in the liver. Saturated fats lead to the biosynthesis of cholesterol and the associated lipoproteins, in particular LDL-cholesterol and HDL-cholesterols. In the absence of protective antioxidants, to be discussed below, LDL-cholesterol can undergo oxidation to a reactive product, that can damage the vascular and particular the cardiovascular system (*Witztum* and *Steinberg*, 1991). This damage leads to the activation of foam cells that locate at the place injury and that will lead to the formation of plaques containing cholesterol. Eventually, with age, continuing deposition leads to thickening of the intima and occlusion of the vessel. Heart attacks are thought to occur when the heart receives insufficient circulating blood due to obstruction of the arterial system.

This is especially true if individuals with obstructive disease make increased demands on the heart, either through some form of exercise or indeed, as is often observed, during the latter stages of sleep, with certain physiological demands on the circulation.

2. Homogenized Milk Intake

Dietary casein fed to rabbits led to progressive increase in serum cholesterol values with age, whereas an equivalent amount of soy protein did not cause an increase (*Carroll*, 1991).

During the last 60–80 years, a change in the production of milk took place (see *Oster*, in *Freed*, 1984). Previously, fresh milk was not pasteurized or homogenized. It had to be stored refrigerated and with whole milk, the fat layer rose to the top. This milk had to be consumed promptly, since it had limited storage capacity. New processes involved high pressure homogenization, providing a stable uniform product, whether whole milk, low fat or skim milk. Such milk was also pasteurized by maintaining for specific times at temperatures from about 62 to 72 °C, then quickly cooled. The higher the temperature, the shorter the time. A process used in Western Europe quicksterilizes the product by flash heating to 93 °C or higher for less than a second. It has been suggested that milk so homogenized and pasteurized (except for the high temperature French process) may be generating atheroma, and lead to coronary heart disease (*Freed*, 1984).

The underlying mechanism involves multiple factors. The low temperature pasteurization incompletely destroys xanthine oxidase, that can persist through the gastric digestive processes, being intimately shielded within the protein globule produced by homogenization. The enzyme would end up in the vascular system, where it could generate active oxygen compounds attacking endothelial cells, the starting event yielding plaques and atheroma (*Ustinova* and *Schultz*, 1994). Lack of antioxidants from vegetables and fruits in individuals on diets poor in such nutrients would favor this process. Casein and saturated fat in the diet would yield a high LDL-cholesterol titer, completing plaque development. This hypothesis is strengthened by observations in geographic pathology, providing an association between mortility from ischemic heart disease and population milk intake. The suggestion is made that the lower rate of heart disease in Southern Germany or France, compared to Scotland or Finland, stems from lower milk intake, rather than from distinct meat use. This areas deserves more detailed mechanistic research, based on specific working hypotheses.

3. Management of Disease

Determination of serum cholesterol, HDL and LDL-cholesterols provides indicators for risk. Methodologies are available to visualize occlusive disease. Dietary adjustments to lower the total fat intake, the consumption of homogenized milk (not sterilized by the UT high temperature process, or boiled) and to improve nutritional status are a first line of defense. Angioplasty, or surgical replacement of diseased arterial vessels through bypasses are now common procedures. It is essential that patients not only undergo the appropriate medical treatments but receive dietary advice. Inasmuch as a key element is the oxidation of LDL-cholesterol, patients with a high risk should be advised to sharply increase the intake of vegetables and fruits and also tea, all of which provides antioxidant vitamins as well as polyphenols, designed to prevent the oxidation of LDL-cholesterol (*Esterbauer* et al., 1991; *Jialal* and *Grundy*, 1991; *Gey*, 1993; *Hennekens* and *Gaziano*, 1993; *Hertog* et al., 1993; *Franke* et al., 1994). Soy bean products are also a source of good antioxidants, especially genistein and daidzein, it has been suggested that heart disease has a lower risk in countries like Japan because they consume traditionally diverse soy products (*Messina* et al., 1994). Another element is to lower the intake of foods providing saturated fat, namely meats and dairy products.

Another element controlling individual susceptibility is the availability of specific receptors for LDL-cholesterol in the liver, a subject that earned a Nobel Prize for *Goldstein* and *Brown* (see 1986). Individuals endowed with good receptor status have excellent feedback control. Thus, when there is a tendency for LDL-cholesterol to rise as a result of nutritional habits, the production by the liver is decreased.

As the role of saturated fats in the etiology of heart disease became known, populations have followed the recommendations of entities such as the American Heart Association. They decreased their intake of foods containing saturated fats and increased their intake of mono- and ω-6-polyunsaturated oils. The recommendation was that the total fat intake of 40–45 % of calories be decreased to 30 % of calories and the P / S ratio be increased to 1.0. Monounsaturated oils, as found in olive oil, and in North America in canola oil, do not seem to affect much the production of LDL-cholesterol. These findings account in part for the lower heart disease incidence in the Mediterranean region where olive oil is the main lipid used (*James* et al., 1989). Another important tradition in the Mediterranean region is to consume regularly fruit and vegetables that have broad disease-preventing attributes.

The ω-3-polyunsaturated oils present in fish and flax seed actually contribute to lowering the production of LDL-cholesterol. It has been shown that people who consume fish four to six times per week have a lower risk of heart disease than people who never eat fish (*Kromhout*, 1989). These facts account in part for the low risk of heart disease in fish eating populations as in Japan. Even Eskimo populations, who are on a high fat diet, mostly of marine origin have a low risk of heart disease, if they avoid changing to Western lifestyle habits.

Mechanisms in Cancer

Cancer is a general word for many different neoplastic diseases, each with specific causative, etiologic factors and also protective elements. We have reviewed this field (*Weisburger*, 1991a). For the purposes of this document, we will cover only two main topics, the association of meat intake with risk for cancer of the colon, prostate and breast, and among those diseases associated with dietary fat, cancer of pancreas, ovary and endometrium (*La Vecchia*, 1992). The second set is cancer of the stomach and esophagus, associated mainly with the intake of salted, picled or smoked meat. For cancer of the stomach, an additional element is the possible presence of a newly discovered bacterium *Heliocobacter pylori* (*Correa*, 1992). The role if this bacterium, when present, seems to be a damage of the gastric epithelium, leading to regeneration and increased cell duplication rates, conditions that favor carcinogenesis in the presence of a carcinogen. For cancer of the esophagus, alcohol intake can play an adjuvant role.

1. Meat, Fat and Cancer

For the cancers associated with fat, epidemiological studies usually pinpoint populations consuming saturated fats, mainly from meats as being at the highest risk (*Willett*, 1990; *Willett* et al., 1990; *Kesteloot* et al., 1991; *Taioli* et al., 1991; *La Vecchia, 1992; Giovanucci* et al., 1994). Yet, careful laboratory research, mainly done in rats administered suitable carcinogens to produce cancer of the colon, breast or pancreas uniformly described the highest promoting role with the ω-6-polyunsaturated oils, such as in corn oil, sunflower oil or safflower oil (see *Micozzi* and *Moon*, 1992; *Nelson*, 1993). On the other hand, monounsaturated oils, such as in olive oil have very little enhancing effects, consistent, as discussed above, with the lower incidence of colon and breast cancer in the Mediterranean region, although their vegetables and fruits intake contribute to protection. In rats, the ω-3-polyunsaturated oils as found in fish actually have a protective effect (see *Bartram* et al., 1993). On the other hand, the intake of mainly saturated fats has also no enhancing effect, as is true with monounsaturated oils. Some literature suggests that a key element of fat is the caloric content, nine calories per gram compared to 4 calories per gram for protein or carbohydrate. We believe that fats have very specific effects based on their structure, since otherwise one could not account for their vastly different enhancing action in the models for breast, colon or pancreas cancer.

What is the explanation for the discrepancy between the animal studies, showing that saturated fat have a much lower promoting action compared to the ω-6-polyunsaturated oils? An important discovery bearing on this question was made by *Sugimura*, *Nagao* and colleagues (see *Adamson* et al., 1994) when they reported in 1977 that the surface of fried meats and fried fish contained powerful mutagens. At that time, the Japanese group and my laboratory collaborated to identify the chemical nature of these mutagens. A new class of powerful mutagens in the form of heterocyclic amines (HCAs) was discovered. A number of groups now are active in this field. When fed to rats, several of these HCAs can induce cancer of the mammary glands, colon and pancreas and as a function of structure, in some other tissues. Recently, it was also discovered that these chemicals can also attack the vascular system in rats and in monkeys and specific DNA aducts have been found therein (*Davis* et al., 1994). Clearly, in the context of human nutrition, the main source of the HCAs is the intake of fried, broiled or charcoal cooked meats, that are also in the main a source of saturated fats. Therefore, the finding in epidemiological studies that saturated fats are associated with a risk of the Western nutritionally linked cancers such as those in prostate, breast or colon may be accounted for by a combination of human intake of fried meats containing HCAs and, of course, the associated fat. However, Western nutrition also includes other sources of fats. The combination of cooked meats and total fats is what forms a reasonable basis of understanding of the etiology of these major cancers.

2. Mode and prevention formation of heterocyclic amines (HCAs) during cooking of meats

The mechanism of formation of HCAs is based on the key discovery by *Jägerstad*, who found that the methylaminoimidazo part of the heterocyclic molecule stems from creatinine, with the remainder of the HCA being the result of conventional, specific Maillard reactions (see *Schuirmann* and *Eichner*, 1991; *Adamson* et al., 1994). The essential contribution of creatinine accounts for the fact that HCAs are present mainly in cooked meats or fish, the main source of creatinine. Thus, it is important to have means available to lower or prevent the formation of HCAs. In our laboratory, we discovered that mixing 10 % or more soy protein with ground beef prevented the formation of HCAs and at the same time, decreased the total fat content of the resulting products (*Weisburger*, 1991b). We are recommending, therefore, that such a soy burger, that has relatively small amounts of soy protein, replace the standard hamburger, that so many people in the world now love to eat. The group of *Felton* (see *Adamson* et al., 1994) provide another sound procedure, based on a decrease of the concentration of creatinine in meat. It involves a brief microwave heating of meats and allowing the juices with creatinine to run off. This procedure lowers the available creatinine and also decreases to some extent the fat. Subsequently, the meat can be cooked in any desired way, and the food will have a lower level of HCA, and less fat. Thus, the procedures developed in our laboratory and that of *Felton* might well be adopted worldwide to make meat a tasty and enjoyable part of nutrition, with a much lower risk of disease.

3. Role of Protein

Protein is converted during the digestive processes to amino acids. The amino acids in turn are metabolized and are thus a source of increased level of endogenous ammonium ions. The normal physiological reactions convert the ammonium ions to urea that is excreted. Based on the fact that acetamide has been found to be a liver carcinogen and that arginine glutamate reduces the carcinogenicity of acetamide, *Lin* and *Visek* (1991) demonstrated in a model for colon cancer in rats that ammonium ions increased the intestinal cell proliferation, and previously they demonstrated a higher incidence of colon cancer. In meat-eating humans, there is clearly increased availability of ammonium ions, that may enhance the risk of cancer in the colon, through mechanisms that remain to be clarified, but that may involve increased cell duplication rates caused by fatty and bile acids, and ammonium ions.

4. Salted and Pickled Meats

In many humans, a high salt intake over a long period of time, has adverse physiological effects of the control of blood pressure. Essentially, it is not only a high intake of sodium ions, that has such an effect, but sodium not balanced by potassium ions, in vegetables and fruits, and especially by calcium ions from certain vegetables and low fat dairy products (*Joossens* et al., 1985; *Weisburger*, 1991a). Hypertension has decreased in populations that have lowered their salt intake. More salt can be tolerated if at the same time, an adequate supply of potassium and calcium is ensured. Nonetheless, salt is no longer needed as means of food preservation, and seasonings are preferred that do not contain salt.

Salt plays a role in gastric carcinogenesis because a high salt intake damages the gastric epithelium, including the protective mucus layer. This effect is especially pronounced in individuals infected with *H. pylori* (*Correa*, 1992). The nature of the carcinogens associated with gastric cancer has not yet been fully delineated. In my laboratory, we have an active program. We have discovered that treatment with salt and nitrite, to mimic salting and pickling, of Sanma hiraki, a fish frequently eaten in Northern Japan, a high risk region for gastric cancer, leads to the formation of three or four direct acting mutagens in the *Salmonella typhimurium* system of Ames. We have shown that the mixture of these mutagens can induce cancer in the glandular stomach in rats. The underlying chemistry is not yet available. In the rat model, *Sugimura* (see *Adamson* et al., 1994) discovered that the direct acting mutagen N-methyl-N'-nitro-N-nitrosoguanidine (MNNG) can induce cancer of the glandular stomach in rats. We believe, however, that the mutagens in the Sanma fish are quite different from MNNG. We found that the mutagens are not formed if the treatment with salt and nitrite is done on fish containing vitamin C. Population studies show that the rik of gastric cancer is lower in populations eating less salted pickled foods and more vegetables and fruits. Salted meat intake by itself, but even more so in men who also used alcohol and cigarette, had a significant risk of oropharyngeal cancer, and vegetables – fruits were protective (*De Stefani* et al., 1994).

The chemistry whereby gastric carcinogens are produced in meats, particularly pork, preserved with salt and salt peter, or subjected to smoking, a procedure generating nitrosating agents, has not been studied to any appreciable extent. Overall, the processes may be similar to that occurring in fish and it will be important to eventually investigate the relevant chemical reactions. This may be important not only as regards the risk of stomach cancer, but others. Indeed, recent papers describe the occurrence of cancer of the brain in children of mothers who have consumed salted, pickled meats during pregnancy (*Boeing*, 1993; *Bunin* et al., 1994). The etiology of brain cancer is as yet obscure, and certainly the association with nutritional practices requires more research. Yet, in animal models, it was discovered by *Druckrey* and extended by *Rajewsky* and *Kleihues*, that administration of MNNG or N-methylnitrosourea (MNU) to pregnant rats was a fast, reliable means to induce brain cancer in the offspring. Thus, the finding of brain cancer in the children of women consuming salted pickled foods during pregnancy seems plausible, and deserves urgent documentation.

Diabetes

It now seems established that adult onset diabetes is seen mainly in Western populations on a high total fat intake in which the saturated fat intake from meats and dairy products account for a fair part of the total calories. Another major risk factor is obesity. For both types of mechanisms more research is necessary. Clearly, based on worldwide observations, avoidance of obesity and lowering the intake of fats can play a key role in decreasing the risk of adult onset diabetes.

Protective Effects of Vegetables and Fruits

Vegetables and fruits are sources of essential micronutrients including antioxidant vitamins such as carotene, vitamin A, E and C (*Block*, 1993). These antioxidant vitamins play a role in lowering the formation of oxidized LDL-cholesterol, and thus, reduce the risk of arteriosclerosis. Vitamin E in a model of this disease in monkeys fed fat and cholesterol decreased the occurrence of obstructive disease of the vascular system. However, the general recommendation is not to supplement diets with single antioxidant vitamins, but to consume daily vegetables and fruits that contain other beneficial disease fighting products, in addition to the beneficial vitamins. Nonetheless, in growing children and the geriatric population there may be merit in judicious supplementation with a mixture of antioxidant vitamins, not any single vitamin. Black tea and green teas, essentially a hot water extract of the dry leaves of the plant *Camellia sinensis*, contain powerful antioxidant polyphenols, with a benefit in reducing heart disease and cancer risk.

Conclusions and Recommendations

Meats, and particularly beef or pork, are fine sources of complete protein, fostering excellent growth in infants and children. These foods are also important sources of iron in the form that is readily absorbed and that is necessary for the development and maintenance of the blood forming organs and of red cells (Table **1**). While

Constituent	Beneficial Effect
Protein	Excellent for growth, especially in children
Iron	Easily assimilated; essential for generation of functional red cells and respiration
Micronutrients (Selenium, zinc, copper, chromium, magnesium, vitamin B_{12}, niacin, vitamins B_1, B_2	Essential for cellular functions

Table 1 Meat – Beneficial Effects.

other foods, including some vegetables and legumes, are equally good sources of proteins, when taken together, such as legumes and rice with complementary sources of proteins. Iron is present in vegetables such as spinach. Populations consuming meat clearly have a distinct advantage in furthering the growth and development of children. Non-meat eating populations have to be much more careful to ensure the correct mixtures of legumes, vegetables and fruits, to provide the proper balance of proteins and iron for optimal growth. This balance is not as difficult to achieve in lacto-ovo vegetarians, who avoid meat often for ethical and religious reasons. Yet, such populations consuming whole milk, cheese and eggs are not necessarily on a „healthier" diet compared to meat eating populations. They may derive saturated fat and cholesterol from their customary eating pattern, not much different from nonvegetarians. Yet, vegetarians may have a 30–40 % lower risk of cancer and heart disease (*Thorogood* et al., 1994). This study may be criticized for reasons of statistical and study group selection, but clearly meat eaters consumed HCAs, and non-meat eaters did not.

We have commented on the role of salt and salt peter, or smoked meats used as means of food preservation in the occurrence of hypertension, stroke, and cancer of the stomach and esophagus. We have briefly reviewed the mechanisms whereby we translate a risk for cardiovascular diseases, specific types of cancer, adult onset diabetes, from the consumption of fats and particularly saturated fats (Table **2**).

All of these diseases arise to a greater extent in populations that have a lifelong tradition, from childhood onward, of consuming these kinds of foods where in the Western world, the total fat accounts for 40–45 % of calories. The additional cholesterol intake is 500–800 milligrams per day. Also, the intake of protective vegetables and fruits is not regular. These are the proverbial „meat and potato eaters".

We have a fair understanding of the mechanisms whereby the diseases reviewed arise. Cooking procedures of meat and fish lead to the formation of heterocyclic amines, that are powerful carcinogens at target organs such as colon or breast and that also damage the vascular system. We have noted practical measures for the prevention of the formation of the HCAs. Forty percent fat calories act as promoters in cancer, and as sources of LDL-cholesterol, particularly when the fat has a P/S ratio of 0.5 or less.

Based on current knowledge, we can suggest intake of beef or pork and other meats, but to utilize smaller portions. Formerly, it was customary to have a meal including a serving of 350 to 450 g of a steak or roast beef, or 250 g of hamburger. Smaller portions such as 100 g of meat, even 3 or 4 times a week, would be more commensurate with good health, especially if consumed with protective vegetables, without fatty sauces, and fruits. It has been suggested that 5 to 9 servings of fruits and vegetables a day constitute a halthy diet (*Block*, 1993; *Ho* et al., 1994). A major part of nutrition should be carbohydrates, accounting from 65–75 % of calories, including rice, particularly whole grain rice, pastas and actually somewhat less potatoes and whole grain breads. This selection of complex carbohydrates in that order is particularly useful to decrease to risk of hyperglycemia and adult-onset diabetes. The rate of digestion of starch is lower in rice and faster in potatoes or wheat, so that the blood glucose level rises faster after the intake of wheat, grains or potatoes, and much less with rice. The stress on the pan-

Table 2 Meats – Problems to be Controlled.

Constituents	Problem	Control Measure
Fat	High calories; mostly saturated, raises LDL-cholesterol; sausages particularly rich; risk of heart disease; cancer of the colon, prostate, breast, pancreas, ovary, endometrium, lung (in smokers)	Use small portions, of beef, pork 100 g 3–4 times per week. Eat fish, or low fat meats; vegetables and fruits can lower risk
Cholesterol	Together with high fat diet, adds to body cholesterol load	Use smaller portions, and adopt a low fat dietary regimen, including protective vegetables, fruits, antioxidant vitamins and tea
Protein	Metabolically produced ammonium ions and amino acids can damage kidneys, urinary bladder and colon (increase cancer risk)	Limit intake; consume adquate fluid (1–1.5 l/day) vegetables, fruits, fiber and tea
Iron	Can catalyze formation of hydroxy radicals, oxidized LDL-cholesterol (heart disease risk)	Ensure presence of antioxidants from vegetables, fruits, tea, vitamins to prevent oxidation
Heterocyclic amines	Formed during frying, broiling (browning)	Boil, microwave; lower creatinine by microwave; add soy protein to ground meat; add small amounts tryptophan and proline before cooking
Salt	Customary additive (risk of hypertension, stroke)	Limit or avoid; balance by potassium and calcium salts
Pickling, smoking	Generates nitroso and other compounds as risk of gastric cancer	Avoid or use rarely; balance by vegetables, fruits

creas in generating insulin is lower with rice. Protein intake in children might account for 15 % of calories, but after age 30, and particularly in the geriatric population, the protein need is much less and should be about 8 % of calories. The total fat should be decreased from 40 to 15–20 % of calories (*Chlebowski* et al., 1993). The older recommendation of lowering fat intake from 40 to 30 % would only slightly lower the risk of heart disease, and as a number of studies have shown, will have no protective effect at all in avoiding the Western nutritionally linked cancers (*Micozzi* and *Moon*, 1992). Current knowledge suggests that fat at 15–20 % of calories would dramatically lower the risk of heart disease and the nutritionally-linked cancers. Salt intake should be less than 5g per day and balanced by a good supply of potassium from vegetables and fruits, and calcium from vegetables and low fat dairy products, with emphasis on yogurt rather than milk.

We have described means by which to achieve a lower risk of major premature disabling and killing diseases. Prevention is important as a goal worldwide not only as a benefit to the individuals and people concerned, but also to considerably reduce expenditures needed for the treatment of these diseases, that often has only a palliative rather than curative effect.

Key words

Nutrition, meat, fat, salt, pickle, nitrate, vegetables, fruits, tea, cholesterol, LDL-cholesterol, heart disease, cancer, prevention, heterocyclic amines.

Acknowledgements

I am indebeted to *Beth-Alayne McKinney* for expert assistance in preparing this paper. Research in my laboratory is supported by the US Public Health Service through National Cancer Institute grants CA-42381 and contract CN-35569, and a grant from the Tea Trade Health Research Association.

References

Adamson, R. H., J. A. Gustafsson, N. Ito, M. Nagao, T. Sugimura, K. Wakabayshi, Y. Yamazoe: Heterocyclic amines in cooked food. Proceedings of 23rd International Symposium of the Princess Takamatsu Cancer Research Fund. Princeton Scientific Publishing, Inc., Princeton, New Jersey (1994)

Bartram, H. P., A. Gostner, S. Scheppach, B. S. Reddy, C. V. Rao, G. Dusel, F. Richter, A. Richter, H. Kasper: Effects of fish oil on rectal cell proliferation, mucosal fatty acids, and prostaglandin E_2 release in healthy subjects. Gastroenterol. 105 (1993) 1317–1322

Block, G.: Micronutrients and cancer: time for action? J. Natl. Cancer Inst. 85 (1993) 846–848

Boeing, H.: Dietary carcinogens and the risk for glioma and meningioma in Germany. Intern. J. Cancer 53 (1993) 561–565

Bunin, G. R., R. R. Kuijten, C. P. Boesel, J. D. Buckley, A. T. Meadows: Maternal diet and risk of astrocytic glioma in children: a report from the Childrens Cancer Group (United States and Canada). Cancer Causes and Control 5 (1994) 177–187

Carroll, K. K.: Review of clinical studies on cholesterol-lowering response to soy protein. J. Am. Diet. Assoc. 91 (1991) 820–827

Chlebowski, R. T., G. L. Blackburn, I. M. Buzzard, D. P. Rose, S. Martino, J. D. Khandekar, R. M. York, R. M. Elashoff, E. L. Wynder: Adherence to a dietary fat intake reduction program in postmenopausal women receiving therapy for early breast cancer. The Women's Intervention Nutrition Study. J. Clin. Oncol. 1 (1993) 2072–2080

Correa, P.: Human gastric carcinogenesis: a multistep and multifactorial process – First American Cancer Society Award Lecture on Cancer Epidemiology and Prevention. Cancer Res. 52 (1992) 6735–6740

Davis, C. D., A. Farb, S. S. Thorgeirsson, R. Virmani, E. G. Snyderwine: Cardiotoxicity of heterocyclic amine food mutagens in cultured myocytes and in rats. Toxicol. Appl. Pharmacol. 124 (1994) 201–211

De Stefani, E., F. Oreggia, A. Ronco, L. Fierro, S. Rivero: Salted meat consumption as a risk factor for cancer of the oral cavity and pharynx: A case-control study from Uruguay. Cancer Epid. Biomarkers & Prevention 3 (1994) 381–385

Esterbauer, H., M. Dieber-Rotheneder, G. Striegl: Role of vitamin E in preventing the oxidation of low-density lipoprotein. Am. J. Clin. Nutr. 53 (1991) 314–321

Franke, A. A., P. J. Harwood, T. Shimamoto, S. Lumeng, L.-X. Zhang, J. S. Bertram, L. R. Wilkens, L. L. Marchand, R. V. Conney: Effects of micronutrients and antioxidants on lipid peroxidation in human plasma and in cell culture. Cancer Lett. 79 (1994) 17–26

Freed, D. L. J.: Health hazards of milk. Bailliere Tindall, London, Philadelphia, Toronto and W. B. Saunders, Philadelphia (1984)

Gey, K. F.: Prospects for the prevention of free radical disease, regarding cancer and cardiovascular disease. Brit. Med. Bull. 49 (1993) 679–699

Giovannucci, E., E. B. Rimm, M. J. Stampfer, G. A. Colditz, A. Ascherio, W. C. Willett: Intake of fat meat, and fiber in relation to risk of colon cancer in men. Cancer Res. 54 (1994) 2390–2397

Goldstein, J. L., M. S. Brown: The low-density lipoprotein pathway and its relation to atherosclerosis. Ann. Rev. Biochem. 46 (1986) 830–897

Hennekens, C. H., J. M. Gaziano: Antioxidants and heart disease: epidemiology and clinical evidence. Clinical Cardiol. 16 (1993) 110–115

Hertog, M. G., E. J. Feskens, P. C. Hollman, M. B. Katan, D. Kromhout: Dietary antioxidant flavonoids and risk of coronary heart disease: the Zutphen Elderly Study. Lancet 342 (1993) 1007–1011

Ho, C.-T., T. Osawa, M.-T. Huang, R. T. Rosen, eds.: Food Phytochemicals for Cancer Prevention. American Chemical Society, Washington, DC (1994)

Howson, C. P., T. Hiyama, E. L. Wynder: Decline of gastric cancer: Epidemiology of an unplanned triumph. Epidemiol. Rev. 8 (1986) 1–27

James, W. P., G. G. Duthie, K. W. Wahle: The Mediterranean diet: protective or simply non-toxic? Europ. J. Clin. Nutr. 43 (1989) 31–41

Jialal, I., S. M. Grundy: Effect of combined supplementation with α-tocopherol, ascrobate, and β-carotene on low-density lipoprotein oxidation. Circulation 88 (1991) 2780–2786

Joossens, J. V., M. J. Hill, J. Geboers, eds.: Diet and Human Carcinogenesis. Exerpta Medica, Amsterdam, New York (1985)

Kesteloot, H., E. Lesaffre, J. V. Joossens: Dairy fat, saturated animal fat, and cancer risk. Prev. Med. 20 (1991) 226–236

Kromhout, D.: N-3 fatty acids and coronary heart disease: epidemiology from Eskimos to Western populations. J. Intern. Med. 225 (1989) 47–51

Lauer, K.: The history of nitrite in human nutrition: a contribution from German cookery books. J. Clin. Epidemiol. 44 (1991) 261–264

La Vecchia, C.: Cancers associated with high-fat diets. Monographs Natl. Cancer Inst. 12 (1992) 79–85

Lin, H. C., W. J. Visek: Large intestinal pH and ammonia in rats: dietary fat and protein interactions. J. Nutrition 121 (1991) 832–843

Messina, M. J., V. Persky, K. D. R. Setchell, S. Barnes: Soy intake and cancer risk: A review of the in vitro and in vivo data. Nutr. Cancer 21 (1994) 113–131

Micozzi, M. S., T. E. Moon, eds.: Nutrition and Cancer Prevention II: Investigating the Role of Macronutrients. M. Dekker, New York (1992)

Nelson, G. J., ed.: Health effects of dietary fatty acids. American Oil Chemists' Society, Champaign, IL (1993)

Schuirmann, E., K. Eichner: Bildung von IQ-Verbindungen in Fleisch und Fleischprodukten. Z. Ernährungswiss. 30 (1991) 56–64

Taioli, E., A. Nicolosi, E. L. Wynder: Dietary habits and breast cancer: a comparative study of United States and Italian data. Nutr. Cancer 16 (1991) 259–265

Thorogood, M., J. Mann, P. Appleby, K. McPherson: Risk of death from cancer and ischaemic heart disease in meat and non-meat eaters. Brit. Med. J. 308 (1994) 1667–1670

Ustinova, E. E., H. D. Schultz: Acivation of vagal afferents by oxygen-derived free radicals in rats. Circulation Res. 74 (1994) 895 – 903

Vartiainen, E., P. Puska, J. Pekkanen, J. Tuomilehto, J. Pekka: Changes in risk factors explain changes in mortality from ischaemic heart disease in Finland. Brit. Med. J. 309 (1994) 23 – 27

Weisburger, J. H.: Nutritional approach to cancer prevention with emphasis on vitamins, antioxidants, and carotenoids. Am. J. Clinical Nutr. 53 (1991a) 226 – 237

Weisburger, J. H.: Prevention of heterocyclic amine formation in relation to carcinogenesis. In: Mutagens in food: detection and prevention. H. Hayatsu, ed. CRC Press, Boca Raton, FL (1991b) 193 – 203

Willett, W. C.: Epidemiologic studies of diet and cancer. Med. Oncol. Tumor Pharmacotherapy 7 (1990) 93 – 97

Willett, W. C., M. J. Stampfer, G. A. Colditz, B. A. Rosner, F. E. Speizer: Relation of meat fat, and fiber intake to the risk of colon cancer in a prospective study among women. New Engl. J. Med. 323 (1990) 1664 – 1672

Witzum, J. L., D. Steinberg: Role of oxidized low density lipoprotein in atherosclerosis. J. Clin. Invest. 88 (1991) 1785 – 1792

Fleischverzehr und Leistungsfähigkeit

M. Hamm

Eine ausgewogene und dem persönlichen Bedarf entsprechende Ernährung ist eine der wichtigsten Voraussetzungen für Gesundheit, Leistungsfähigkeit und Wohlbefinden. Bei besonderer körperlicher Belastung muß vor allem dem erhöhten Energiebedarf entsprochen werden, z. B. können viele Disziplinen im Leistungssport den Bereichen „Schwerarbeit" und „Schwerstarbeit" zugeordnet werden.

Seitdem Menschen Sport treiben, versuchen sie, ihre Leistung neben geeigneten Trainingsmethoden durch eine besondere Ernährung zu steigern. Das Lebensmittel Fleisch hat in der Sportlerernährung stets eine besondere Rolle gespielt. Wurde Fleisch bisher vor allem als hochwertige Eiweißquelle in der vollwertigen Basiskost und Trainingsernährung geschätzt, so gewinnt heute sein hoher Gehalt an essentiellen Mikronährstoffen wie Vitamine des B-Komplexes, Eisen, Zink, Selen, Kalium und Magnesium zunehmend an Bedeutung für die Leistungsfähigkeit und Gesunderhaltung des Sporttreibenden. Beim Sportler macht sich übrigens ein Mangel an diesen lebensnotwendigen Nährstoffen im Vergleich zum körperlich nicht Aktiven schneller leistungsmindernd bemerkbar.

Entwicklung von Ernährungsempfehlungen für Sportler

Sind es heute naturwissenschaftliche Erkenntnisse, nach denen die Sporternährungswissenschaft ihre Empfehlungen ausrichtet, begründeten die Athleten der Antike ihre Vorstellung von richtiger Ernährung mehr auf Beobachtungen und mythischen Vorstellungen. Laut Berichten war die „Sportdiät" im frühen Altertum zunächst vegetarisch. Bald setzte sich jedoch die Meinung durch, daß körperliche Arbeit zum einen eine große Menge an Nahrung und zum anderen eine fleischreiche Ernährung erforderе, da Fleisch Kraft und Energie verleihe. Bei der Zuteilung der Fleischnahrung spielten abergläubische Ernährungsriten eine Rolle. Man ging recht bildhaft vor, sich die Wirkung bestimmter Nahrungsmittel vorzustellen. Das Fleisch kräftiger Tiere gab dem Ringer Kraft. Dem auf Schnellkraft angewiesenen Sprinter gab man Ziegenfleisch oder Fische, die in bewegter See gefangen wurden.

Erst im 19. Jahrhundert begann die wissenschaftliche Erforschung der Sporternährung. Obwohl man den Kohlenhydratstoffwechsel als den energieliefernden Vorgang für die Muskelarbeit anerkannte, wird der Fleischnahrung in den englischen Sportbüchern die größte Bedeutung für den Sportler zugesprochen.

Diese Überzeugung herrschte übrigens auch bei den Vorbereitungen auf die Olympiade 1936 und während der Spiele in Berlin vor. Von den Sportlern wurden große Mengen tierischer Proteine verzehrt, im Durchschnitt 200–230 Gramm Eiweiß und 200–270 Gramm Fett pro Tag. Die enormen sportlichen Leistungen wurden als Bestätigung für den hohen Eiweißverzehr gewertet. Auch bei den Olympischen Spielen von 1952–1976 stand die Eiweißnahrung stark im Vordergrund. „Nachdem sich im Laufe des 20. Jahrhunderts in der Sportlerernährung sehr lange die sogenannte Steakwelle hartnäckig gehalten hat, achtet man heute wieder mehr auf eine gemischte Kost, die alle Nahrungsbestandteile (Eiweiß, Fett, Kohlenhydrate, Vitamine und Mineralstoffe) in ausgewogener Menge enthält" (*Schmidt* 1986).

Qualitative Ernährungsziele

Das Grundmuster der Sportlerernährung sollte kohlenhydratbetont, eiweißhochwertig und fettkontrolliert sein. Lebensmittel mit einer hohen Dichte an B-Vitaminen, Magnesium, Kalium, Eisen und Zink sind zu bevorzugen. Die Ernährungsgrundlage des Leistungssportlers ist eine ausgewogene Mischkost mit tierischen und pflanzlichen Lebensmitteln. Komplizierte sportartspezifische Diäten mit unterschiedlichen Nährstoffrelationen für die einzelnen Sportdisziplinen sind nicht erforderlich.

Folgende *Ernährungsempfehlungen* sind im Sport zunächst von grundsätzlicher Bedeutung:
- Energiebereitstellung in Form von Kohlenhydraten (55–60 % der Energiezufuhr) und Fetten (ca. 30 %).
- Ausreichendes und biologisch hochwertiges Eiweißangebot (10–15 % der Energiezufuhr) unter Berücksichtigung der Ergänzungswirkung von tierischen und pflanzlichen Lebensmitteln.
- Bevorzugung von Lebensmitteln mit einer hohen Nährstoffdichte, d. h. einem günstigen Vitamin-Mineralstoff-Energieverhältnis, wie es in Fleisch, Gemüse und Obst vorkommt.
- Leistungsgerechte Flüssigkeitszufuhr (pro Stunde Sport entsteht ein zusätzlicher Wasserbedarf von 1,0–1,5 Liter).
- Richtiges „Timing" von Essen und Trinken, d. h. den Sportbedingungen (Training und Wettkampf) angepaßter Mahlzeitenrhythmus. Besonders bei hohem Energieumsatz im Leistungssport empfiehlt sich eine Verteilung der Energiezufuhr auf 5–7 Portionen.

Diese qualitativen Ernährungsziele gelten für Breiten- und Leistungssportler gleichermaßen. Bei Breitensport-Aktivitäten von 3–4 Stunden pro Woche beträgt der zusätzliche Energieumsatz etwa 2000 Kilokalorien bzw. 8400 Kilojoule. Es ist kein Problem, die zusätzlich benötigte Energie und Nährstoffe mit der normalen gemischten Ernährung aufzunehmen (*Deutsche Gesellschaft für Ernährung* 1992).

Je mehr Energie im Sport umgesetzt und mit der Nahrung aufgenommen wird, desto sicherer wird auch die Nährstoffversorgung. Es gibt keinen Grund zur Annahme, daß der Bedarf an essentiellen Nährstoffen überproportional zum Energiebedarf steigt. In jedem Fall muß aber auf eine abwechslungsreiche Auswahl von Lebensmitteln mit einer hohen Nährstoffdichte geachtet werden. Wenn im Leistungssport, beispielsweise aus Gewichtsgründen, weniger als 2000 Kilokalorien (8400 Kilojoule) mit der Nahrung aufgenommen werden, besteht die Gefahr einer nicht ausreichenden Versorgung mit für die Gesundheit und Leistung wichtigen Nährstoffen.

Die Bedeutung von Kohlenhydraten und Protein im Training und Wettkampf

Im Leistungssport werden Essen und Trinken nach den Anforderungen der jeweiligen Sportabschnitte (Training, Wettkampfvorbereitung, Wettkampf, Regeneration) ausgerichtet. In der Trainingsaufbauphase spielen eiweißreiche Produkte (Fleisch, Milch und Milchprodukte, Fisch, Ei) eine größere Rolle, während vor, während und nach einem Wettkampf auf eine kohlenhydratreiche Kost geachtet werden muß – nicht im Sinne von „entweder – oder", sondern in einer jeweils sinnvollen sportabschnittspezifischen Akzentuierung.

Es geht also nicht um „Nudeln contra Fleisch", sondern um die richtige Kombination und Ergänzung kohlenhydrat- und eiweißhaltiger Lebensmittel, die in den einzelnen Sportabschnitten einen unterschiedlichen Stellenwert haben. Vereinfacht kann man sagen: Kohlenhydrate für die Energie, Protein aus Fleisch oder anderen eiweißhaltigen Lebensmitteln für die Kraft bzw. den Muskelaufbau. Nicht vergessen werden darf aber die Tatsache, daß die Energie zur Absolvierung des Trainingspensums selbstverständlich aus den Nahrungskohlenhydraten stammen muß. Als Energiequelle ist der Aufbaustoff Eiweiß nämlich viel zu schade und letztendlich aus Stoffwechselsicht auch unökonomisch.

Für den Aufbau und Erhalt körpereigener Proteine benötigen nicht sporttreibende Erwachsene 0,8 Gramm Protein und Sportler bis zum Doppelten dieser empfohlenen Menge, d. h. 1,2 bis 1,6 Gramm Eiweiß pro Kilogramm Körpergewicht. Eiweißzufuhrempfehlungen von über 2,0 Gramm Eiweiß – für Kraftsportler wurden zum Teil sogar 3–4 g Protein pro Kilogramm Körpergewicht empfohlen – gelten als unphysiologisch und sind nicht notwendig. Durch eine höhere Energieaufnahme werden bei einer ausgewogenen Ernährung auch automatisch größere Mengen an Eiweiß aufgenommen. Die aktuellen Proteinzufuhrempfehlungen entsprechen einem Anteil von ca. 12 % der Gesamtenergiezufuhr. Bei der Eiweißaufnahme durch die gemischte Ernährung soll die Ergänzungswirkung von pflanzlichen Eiweißlieferanten wie Brot und Kartoffeln durch tierische Proteinlieferanten wie Fleisch, Milch und Käse berücksichtigt werden. Fleisch ist eine fettarme tierische Proteinquelle.

Vor dem Hintergrund der allgemein guten Eiweißversorgung, wobei bei den üblichen Ernährungsgewohnheiten die Empfehlungen für die Proteinzufuhr bereits überschritten werden, gewinnt das Lebensmittel Fleisch auch in der Ernährung des Sportlers vermehrt als Vitamin- und Mineralstoffquelle an Bedeutung. Die Vitamine des B-Komplexes greifen als Coenzyme steuernd in die Vorgänge der Energiegewinnung und des Aufbaus von Körpersubstanz ein. Die im Fleisch enthaltenen Mengen- und Spurenelemente wie Magnesium, Kalium, Eisen, Zink und Selen aktivieren Enzyme, sind wichtig für die optimale neuromuskuläre Funktion, den Sauerstofftransport im Blut und den Gesundheitsschutz des Sportlers.

Schließlich muß noch die Bedeutung von Carnitin, das in enger Beziehung zum Fettstoffwechsel steht, diskutiert werden. Der „Fleischfaktor" L-Carnitin ist Carrier, schleust also die langkettigen Fettsäuren in die Mitochondrien ein, dem Ort der Energiegewinnung aus Fetten. Carnitin ist allerdings kein essentieller Nährstoff. Die Ausgangsstoffe für die körpereigene Carnitinsynthese sind die Eiweißbausteine Lysin und Methionin. Aus diesen Aminosäuren wird in der Leber Carnitin gebildet. Die Synthese findet unter der Beteiligung von Vitamin B_6, Folsäure und Eisen statt, alles Faktoren, die neben den Eiweißbausteinen auch im Muskelfleisch vorhanden sind. Je dunkler das Fleisch (Rind, Schaf), desto höher ist der Carnitingehalt. Außerdem schützt den Körper ein wirksames „Recyclingsystem" vor Carnitinverlusten. Eine Empfehlung, L-Carnitin zusätzlich zur Nahrung aufzunehmen, kann nach derzeitigem Wissensstand nicht gegeben werden.

Zusammenfassung

Man kann sagen, daß aufgrund der hohen Nährstoffdichte bei gleichzeitig niedrigem Fettgehalt Fleisch als Teil einer sportlergerechten Kost zu empfehlen ist. Wer auf Fleisch verzichten will, muß die Versorgung mit essentiellen Nährstoffen, insbesondere an Eisen, Zink, Selen und B-Vitaminen, sicherstellen, was unter Umständen für viele mit einem erheblichen Mehraufwand an Wissen und Zeit verbunden ist.

Fleisch ist eben mehr als nur eine hochwertige und reichhaltige Eiweißquelle. Gerade die Mikronährstoffe im Fleisch sind für sportlich Aktive eine wichtige und sinnvolle Ergänzung des Nährstoffspektrums kohlenhydratreicher pflanzlicher Lebensmittel. Die Legende Sportlersteak kann also nur insofern in Frage gestellt werden, als daß große Fleischportionen oder gar ein ausschließlicher Fleischverzehr nicht das richtige Energiekonzept zur Vorbereitung eines Wettkampfes sind. In seiner Rolle als hochwertiger Eiweiß-, Vitamin-B-Komplex- und Mineralstofflieferant – insbesondere der Spurenelemente Eisen, Zink und Selen – bleibt Fleisch im Rahmen einer ausgewogenen Sportlerernährung und aufgrund der guten Bioverfügbarkeit seiner Nährstoffe auch unumstritten. Die moderne Ernährungswissenschaft hat den Beweis erbracht, daß für Gesundheit und Leistung immer die Vielfalt der Nährstoffe und damit auch ein abwechslungsreicher Speiseplan mit allen Fitmachern aus der Nahrung entscheidend sind.

Literatur

Deutsche Gesellschaft für Ernährung (Hrsg.): Ernährungsbericht 1992. Frankfurt (1992)

Geiß, K.-R., M. Hamm: Handbuch SportlerErnährung. Rowohlt Verlag, Reinbek (1992)

Hamm, M.: Fleisch in der Fitneßernährung. Die Legende des Sportlersteaks. Econ Verlag, Düsseldorf (1992)

Hamm, M.: Ernährung und körperliche Leistung. In Akt. Ernähr.-Med. 15 (1990) 272 – 274

Schmidt, S.: Die Ernährung des Sportlers gestern und heute. In Herz, Sport und Gesundheit 3 (1986) 16

Bedeutung des Fleisches für die Ernährung der Schwangeren und Stillenden

L. Quaas

Wie bei dem heranwachsenden Organismus, so besteht auch bei der Graviden ein erhöhter Proteinbedarf. Dies bedingt der in der Schwangerschaft gesteigerte Metabolismus und die Zunahme mütterlichen Gewebes. So vergrößert sich der Uterus im Verlaufe der Schwangerschaft um das Zwanzigfache. Auch das Wachstum der Plazenta und des Feten, insbesondere im letzten Schwangerschaftsdrittel, erfordern einen erhöhten Proteinanteil in der Ernährung. Eine Übersicht über die Verteilung des mittleren Gewichtsanstiegs in der normalen Schwangerschaft bietet Abb. **1**.

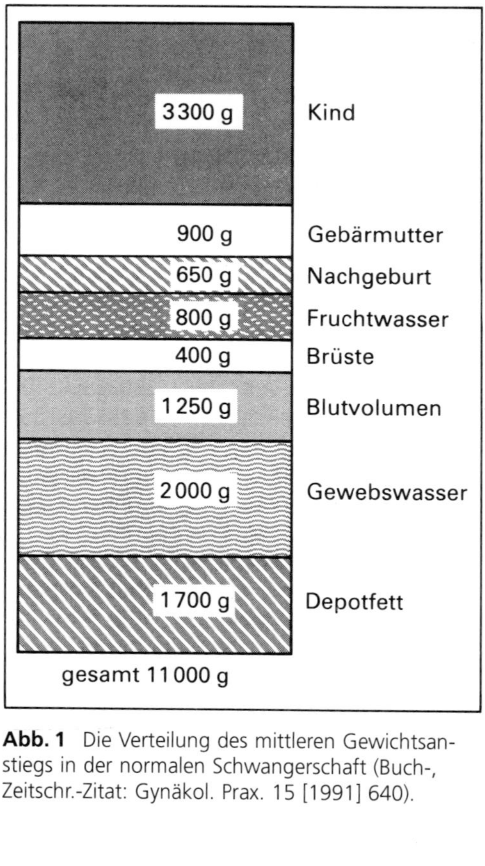

Abb. 1 Die Verteilung des mittleren Gewichtsanstiegs in der normalen Schwangerschaft (Buch-, Zeitschr.-Zitat: Gynäkol. Prax. 15 [1991] 640).

Das intrauterine Wachstum des Feten ist mit der Menge der zugeführten Proteine korreliert. Eine Studie von *Shanklin* (1979) an der Harvard-University konnte zeigen, daß die Menge des eingenommenen Proteins im Schwangerschaftsverlauf direkte Parallelen mit dem Geburtsgewicht und der Länge des Neugeborenen aufweist. Wurden mindestens 80 g Protein täglich ab dem 2. Schwangerschaftsdrittel durch die Mutter eingenommen, so entwickelte ein Kind ein Geburtsgewicht unter 3000 g. Nahmen die Schwangeren hingegen weniger als 45 g Protein täglich zu sich, fand sich bei 47 % der Neugeborenen ein Geburtsgewicht unter 2500 g.

Zweifellos kann ein Proteinmangel die Ursache zahlreicher Schwangerschaftskomplikationen sein. Bereits ältere Untersuchungen machten Beziehungen zwischen Proteinmangel einerseits und einer erhöhten Krankheitsanfälligkeit der Graviden, einer gesteigerten Gestosefrequenz sowie Häufigkeit von Fehl- und Frühgeburten, Mangelkindern und einem Anstieg der perinatalen Mortalität wahrscheinlich. Diese Beobachtungen wurden auch in jüngster Zeit immer wieder bestätigt. Insbesondere von *Metcoff* (1980, 1981) wurden die Zusammenhänge zwischen Schwangerschaftskomplikationen und einem Proteinmangel überzeugend dargestellt.

Proteinmetabolismus

Den *Proteinmetabolismus* in der Schwangerschaft versucht man vor allem mit Hilfe des Stickstoffgleichgewichts zu erforschen und betrachtet die erhöhte N-Retention über die ganze Schwangerschaft als Ausdruck einer massiven Proteinsynthese (*Ketz* 1978). Aufgrund der Ungenauigkeit der damaligen Methoden ist die N-Retention jedoch überschätzt worden. Bei genauerer Untersuchung wurden nämlich keine Unterschiede in der N-Retention zu ver-

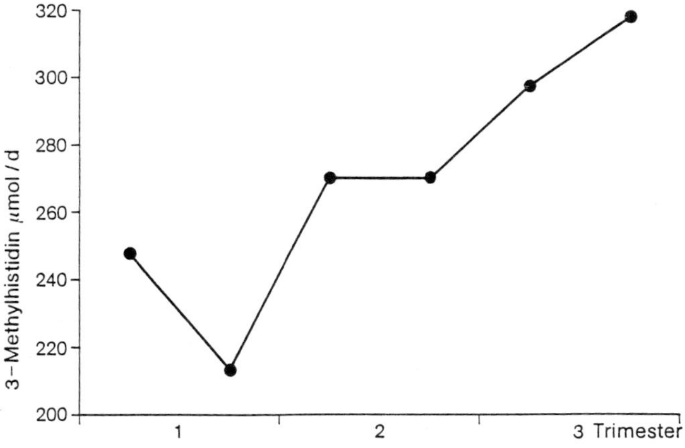

Abb. 2 Ausscheidung von 3-Methylhistidin im Urin zu verschiedenen Zeitpunkten in der Schwangerschaft (nach *D. J. Naismith:* Maternal nutrition and fetal health. In *Chiswick, M. L.:* Recent Advances in Perinatal Medicine. Churchill Livingstone, Edinburgh 1983).

schiedenen Zeiten der Schwangerschaft gefunden, obwohl der N-Gehalt beim Feten und in den reproduktiven, mütterlichen Geweben zwischen dem ersten und letzten Drittel der Schwangerschaft um mehr als das Zehnfache zunimmt.

Der Widerspruch zwischen direkt gemessenem Stickstoff und geschätzter N-Retention konnte in weiteren Studien aufgeklärt werden (*Naismith* 1983). Im ersten Drittel der Schwangerschaft ist der Bedarf des heranwachsenden Kindes an Nährstoffen gering, so daß das aufgenommene Protein in der mütterlichen Muskulatur gespeichert wird. Auch im 2. Trimester ist der Proteinmetabolismus durch diese anabole Phase charakterisiert. Die Menge des retinierten Stickstoffs während der anabolen Phase entspricht mehr als der Hälfte der Stickstoffmenge, die im weiteren Verlauf vom Feten und der Plazenta benötigt wird. In den letzten Schwangerschaftswochen, in der Zeit des schnellen, fetalen Wachstums, werden die mütterlichen Proteinreserven abgebaut und zum Kind hin verlagert. Diese katabole Phase bleibt unbeeinflußt vom Proteingehalt der mütterlichen Nahrung, so daß angenommen werden kann, daß der Proteinmetabolismus in der Schwangerschaft eher hormonell kontrolliert wird als durch die momentane Nahrungsaufnahme gesteuert.

Zur Messung des Muskelproteinmetabolismus kann die Methylhistidinausscheidung im Urin herangezogen werden. Histidin wird beim Einbau in die Peptidketten von Aktin und Myosin methylisiert, und das durch den Muskelstoffwechsel wieder freigegebene Methylhistidin wird quantitativ im Urin ausgeschieden. In der Untersuchung von *Naismith* (1983) wurde der Urin von gesunden, normalernährten Erstschwangeren an 3 aufeinanderfolgenden Tagen in Intervallen von 5 Wochen durch die ganze Schwangerschaft hindurch gesammelt. Eine vermehrte Nahrungsaufnahme wurde mitberücksichtigt, da Methylhistidin aus verzehrtem Fleisch unverändert im Urin ausgeschieden wird. Die gemessenen Werte enthielten durchschnittlich 105 µmol Methylhistidin aus der Nahrung, welche im wesentlichen durch die ganze Schwangerschaft konstant waren. Die Urinausscheidung von Methylhistidin zeigte im Verlauf der Schwangerschaft ein charakteristisches Muster (Abb. 2), und die Urinkonzentrationen waren anfangs der Schwangerschaft tief, zeigten ein Plateau in der Mitte der Schwangerschaft und stiegen stark während des letzten Trimenons an. Dies zeigt, daß der Proteinmetabolismus bei der graviden Frau biphasisch verläuft. Die erste Schwangerschaftshälfte ist durch eine anabole Phase, die zweite durch eine katabole Phase charakterisert.

Dank der Proteineinlagerung im mütterlichen Gewebe kann der fetale Bedarf über die ganze Gestationszeit hin verteilt werden. Ein negativer Einfluß von akuter oder chronischer Proteinunterernährung auf das fetale Wachstum wird dadurch wesentlich verringert.

Um die von der Mutter aufgenommenen Proteine vor allem dem fetalen Organismus bereitzustellen, wird die mütterliche Aminosäurenoxidation neu geregelt. So werden die Enzyme in ihrer Aktivität drastisch reduziert. Beispiele sind die Aktivitäten der Alanin-Aminotransferase und der Argininosuccinat-Synthetase. Diese kontrollieren an Schlüsselpositionen

100 g	Wasser (g)	Protein (g)	Fett (g)	Energie (kcal)
Rindfleisch, gebraten	58	30	9	210
Schweinefleisch, gebraten	59	27	13	230
Lammfleisch, gebraten	61	29	10	210
Kalbfleisch, gebraten	62	31	6	180
Edamerkäse	39	25	28	370
Ei, hartgekocht	75	12	11	160
Milch, pasteurisiert	88	3	4	60
Roggenbrot	39	6	1	240
Kartoffel, gekocht	78	2	0,1	70

Tab. 1 Zusammensetzung verschieden zubereiteter Lebensmittel.

die Aminosäurenoxidationen. In Messungen waren ab der Mitte der Schwangerschaft die beiden Enzymaktivitäten erheblich reduziert, dieses verminderte Aktivitätsniveau hielt bis zum Ende der Schwangerschaft an. Korreliert sind diese Untersuchungen mit Messungen des Harnstoffs im mütterlichen Serum. Der charakteristische Abfall des Harnstoffs im Serum ab Schwangerschaftsbeginn, der früher einer höheren Harnstoffclearance zugeschrieben wurde, ist durch die reduzierte Aminosäurenoxidation bedingt.

Auch die hormonelle Steuerung des Proteinmetabolismus in der Schwangerschaft ist inzwischen geklärt. Für die erhöhte Effizienz der anabolen Aminosäurenverwertung und den Aufbau der mütterlichen Proteinreserven ist die im Verlauf der Schwangerschaft kontinuierlich ansteigende Bildung von Gelbkörperhormon (Progesteron) verantwortlich. Der anabolen Wirkung des Gelbkörperhormons stehen im letzten Trimester eine gesteigerte Sekretion katabol wirkender Kortikoide gegenüber.

Proteinzufuhr

Nicht nur in der Schwangerschaft, sondern auch in der Stillzeit, ist eine reichliche Proteinzufuhr für die Bildung des Muttermilchproteins zu fordern. Die empfohlene Proteinzufuhr in der Schwangerschaft und Stillzeit beträgt nach der DGE (1991) 0,8 g/kg/Tag. In der Schwangerschaft sollen ab dem 4. Monat zusätzlich täglich 10 g hinzugefügt werden. In der Stillperiode sollte diese Proteinmenge um täglich 15 g gesteigert werden.

Es herrscht Übereinstimmung darüber, daß bei der empfohlenen Proteinzufuhr in der Schwangerschaft und Stillzeit mindestens 50–65 % der zugeführten Proteine tierischer Herkunft sein sollten. Die Vorteile des Proteins tierischer Herkunft in der Schwangerschaft und Stillzeit liegen in ihrer besseren und leichteren Verwertbarkeit im Vergleich zu pflanzlichen Proteinen, in ihrem ausreichend hohen Anteil an essentiellen Aminosäuren. Die bessere Verträglichkeit von Proteinen tierischer Herkunft verdeutlichen auch physiologische Veränderungen der Gastrointestinalfunktionen in der Schwangerschaft. So kommt es zu einer Verminderung der Säuresekretion des Magens bei gleichzeitig gesteigerter Mukusbildung. Auch der Tonus und die Motilität des Magens sind herabgesetzt. Dies wird als eine der Ursachen für die häufiger in der Schwangerschaft auftretende Übelkeit mit Völlegefühl gewertet. Die Sekretion von Pankreasenzymen ist reduziert und auch die Gallensekretion vermindert. Insgesamt zeigen die Veränderungen im Gastrointestinaltrakt, daß von der Schwangeren häufigere und kleinere Mahlzeiten mit leicht verdaulichem Protein besser toleriert werden.

Tab. 2 Mineralstoffgehalt verschieden zubereiteter Lebensmittel.

100 g	Na (g)	K (g)	Fe (mg)
Rindfleisch, gebraten	0,07	0,3	3,2
Schweinefleisch, gebraten	0,07	0,4	1,3
Lammfleisch, gebraten	0,08	0,3	2,1
Kalbfleisch, gebraten	0,08	0,4	1,0
Edamerkäse	0,90	0,1	0,3
Ei, hartgekocht	0,14	0,1	2,1
Milch, pasteurisiert	0,05	0,2	0,1
Roggenbrot	0,5	0,2	2,5
Kartoffel, gekocht	0,03	0,4	0,8

Bei Fleisch handelt es sich um einen proteinreichen, fettarmen und relativ energiearmen Nährstoff, der den Bedürfnissen der Schwange-

	Kalzium mg	Phosphor mg	Eisen mg	Zink mg	Magnesium mg	Jod mg
Nichtschwangere	900	1 400	15	12	300	0,12
Schwangere	1 200	1 600	30	15	300	0,15
Stillende	1 300	1 700	20	22	375	0,22

Tab. 3 Empfohlene durchschnittliche Mineralstoffaufnahme pro Tag in der Schwangerschaft und Stillzeit.

100 g	Protein	Eisen	Zink	Vit. B_1	Vit. B_6	Vit. B_{12}
gebraten						
Rindfleisch	60	25	60	20	20	60
Schweinefleisch	50	10	50	60	40	15
Kalbfleisch	55	5	50	15	18	40

Tab. 4 Bedarfsdekkung an Nährstoffen (%) in der Schwangerschaft/Tag.

ren entgegenkommt. In Tab. **1** ist die Zusammensetzung verschiedener zubereiteter Lebensmittel hinsichtlich ihres Wasser-, Protein-, Fett- und Energiegehaltes aufgeführt.

Vitamin- und Mineralzufuhr

Auch der Mineralstoffgehalt von Fleisch wird dem Bedarf der Schwangeren gerecht (Tab. **2**). In der Tab. **3** ist die empfohlene, durchschnittliche Mineralstoffaufnahme pro Tag in der Schwangerschaft und Stillzeit zusammengestellt. Die Tabelle zeigt, daß vor allem ein erhöhter Bedarf an Eisen und Zink besteht. Wie die Tab. **4** deutlich macht, kann ein Teil dieses erhöhten Bedarfs durch die Aufnahme von Rindfleisch und Schweinefleisch gedeckt werden. Eine Übersicht über den Eisenbedarf in der Schwangerschaft bietet die Tab. **5**.

Schweinefleisch und Wurstwaren sind in der BRD auch die Hauptnahrungsquelle für Selen. Mit einem Selenmangel wird ein erhöhtes Frühgeburtenrisiko in Verbindung gebracht. Untersuchungen in der Schwangerschaft ergaben ein Absinken der Plasma-Selenwerte von 0,14 ppm auf 0,11 ppm (Vollblut-Selenwerte von 0,21 ppm auf 0,17 ppm). Der durchschnittliche Selengehalt der Muttermilch beträgt in der BRD 15–16 µ/L, in den USA dagegen 16–33 µ/L).

Neben Mineralstoffen ist Fleisch ein guter Lieferant insbesondere für Vitamine der B-Gruppe, deren Bedarf in der Schwangerschaft erhöht ist. Der Vitamingehalt verschiedener zubereiteter Lebensmittel ist aus der Tab. **6** ersichtlich. Im Vergleich zu anderen Nahrungsmitteln enthält Fleisch vor allem die Vitamine

Tab. 5 Eisenbedarf in der Schwangerschaft.

Fetus	400– 500
Plazenta	60– 110
Uterus	40– 50
Vermehrung des mütterlichen Hämoglobinbestandes[a]	400– 500
Blutverlust sub partu[3]	100– 200
Gesamtbedarf	1 000–1 360

[a]100 ml Blut = 55 mg Eisen

B_1, B_2, B_6, B_{12} und auch in geringerer Konzentration Vitamin A. Nach Untersuchungen von *Kübler* (1981) fanden sich Vitamin-B_1-Blutplasmakonzentrationen bei 9 % der Schwangeren im kritischen Bereich. Auch bei Mehrgebärenden wurde ein niedriger Thiaminstatus gefunden. In der Stillzeit werden täglich 0,1–0,2 mg Thiamin mit der Muttermilch ausgeschieden. Bei Thiaminmangel wird eine erhöhte Abortrate diskutiert. Messungen von Vitamin B_6 im mütterlichen Serum ergaben ein kontinuierliches Absinken der Werte ab dem 4. Schwangerschaftsmonat (Abb. **3**). Pyridoxalphosphat wird durch aktiven, diaplazentaren Transport von der Mutter zum Kind hin geführt. Ein Pyridoxalmangel führt zur fetalen Wachstumsretardierung und zur Frühgeburt.

Die Notwendigkeit einer ausreichenden Zufuhr tierischer Proteine in Form von Fleisch in der Schwangerschaft und Stillzeit ist unbestritten, sie sollte jedoch nicht übersteigert erfolgen. In der Tab. **7** ist der tägliche Fleischanteil in unseren Vorschlägen für Tagesmenüs in der Schwangerschaft zusammengestellt.

100 g	B_1 (µg)	B_2 (µg)	B_6 (µg)	B_{12} (µg)	A (µg)	C (mg)
Rindfleisch, gebraten	100	260	380	2,7	20	1
Schweinefleisch, gebraten	700	360	420	0,8	10	1
Lammfleisch, gebraten	105	280	150	2,6	45	1
Kalbfleisch, gebraten	70	350	305	1,8	10	1
Schweineleber, gebraten	260	2 200	570	18,7	18 000	24
Edamerkäse	50	370	70	1,9	230	–
Ei, hartgekocht	75	280	115	1,3	160	0
Milch, pasteurisiert	40	180	40	0,4	30	1
Roggenbrot	160	120	120	0	0	0
Kartoffel, gekocht	80	10	–	0	2	20

Tab. 6 Vitamingehalt verschieden zubereiteter Lebensmittel.

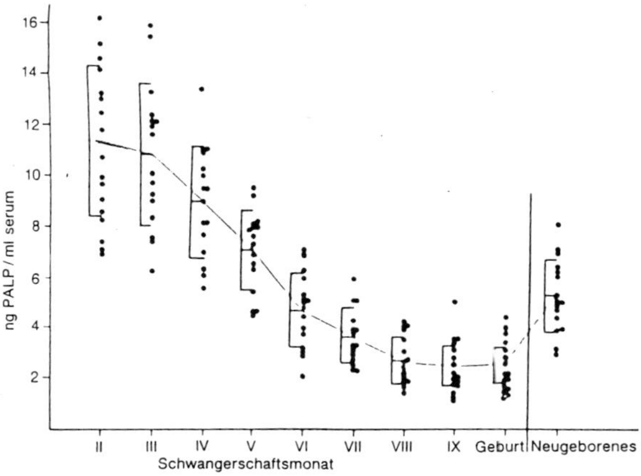

Abb. 3 Pyridoxalphosphat im Serum während der Gravidität und beim Neugeborenen (Buch-, Zeitschr.-Zitat: Vitamine aktuell 1 [1984] 3).

Tab. 7 Fleischanteil in Vorschlägen für Tagesmenüs in der Schwangerschaft.

Schweinsgulasch mager	100 g
Fischfilet gebraten	100 g
Leber geschnetzelt	100 g
Schweinskotelett mager	150 g + Knochen
Rindsbraten	120 g
Schinken mager	50 g
Rindfleischsalat	80 g
Schinken gekocht	50 g

Zusammenfassend kann festgestellt werden: In sinnvoller Menge aufgenommen, tragen Fleisch und Fleischwaren wesentlich zur Deckung des erhöhten Bedarfs an hochwertigem Protein, Mineralstoffen, Spurenelementen und Vitaminen in der Schwangerschaft und Stillzeit bei.

Literatur

Deutsche Gesellschaft für Ernährung (DGE): Empfehlungen für die Nährstoffzufuhr. Umschau, Frankfurt, 5. Überarbeitung (1991)

Ketz, H. A.: Grundriß der Ernährungslehre. Fischer, Jena (1978)

Kübler, W.: Nutritional deficiencies in pregnancy. Bibliotheca Nutritio Dieta 30 (1981) 17–22

Metcoff, J.: Maternal nutrition of fetal development. Early Human Development. Biomedical Press 4/2 (1980) 99–120

Metcoff, J.: Association between fetal growth and maternal nutrition. Progr. clin. Biol. Res. 77 (1981) 692–636

Naismith, D. J.: Maternal nutrition and fetal health. In Chiswiek, M. L.: Recent Advances in Perinatal Medicine. Churchill Livingstone, New York 1983

Quaas, L., H. G. Hillemanns: Ernährung in der Schwangerschaft und Stillzeit. In Huth, K., R. Kluthe (Hrsg.): Lehrbuch der Ernährungstherapie. Thieme, Stuttgart (1986) 92–112

Shanklin, D. R.: Maternal nutrition and child health. Thomas, Springfield 1979

Zusammenfassung der Diskussion zur Tagung „Fleisch in der Ernährung"

M. Kehrbaum, R. Kluthe

Im Anschluß an den Vortrag von *Teuteberg* zur „Geschichte des Fleischverzehrs" sprach *Muskat*, Gießen, die Problematik der Beschleunigung des Längenwachstums der Menschen im Laufe der Zeit (Wachstumsakzeleration) an, die zum Teil in Zusammenhang mit der Aufnahme tierischen Proteins gesehen wird. *Teuteberg* berichtete hierzu, daß dieses nicht ein neueres Phänomen der Humanbiologie und der Ernährungsmedizin sei, was häufig angenommen wird, sondern, daß es in der Geschichte ein stetiges Auf und Ab gab. In den verschiedenen sozialen Schichten traten starke Unterschiede auf, die Angehörigen der Oberschichten waren regelmäßig länger als die Unterschichten. Die Auswertung der vorhandenen Daten, z. B. anhand von Rekrutenlisten sei jedoch hinsichtlich der Vergleichbarkeit recht schwierig. Die Forschung auf diesem Gebiet sei sozusagen noch ganz am Anfang. Sicher sei jedoch, daß nicht die Ernährung allein ausschlaggebend für das Phänomen Akzeleration ist, sondern z. B. Faktoren wie Klima, Genetik und wahrscheinlich auch die Art der ausgeführten Tätigkeit eine Rolle spielen.

Den Vortrag von *Rottka* zum Thema „Vegetarismus – Pro und Kontra" ergänzte *Teuteberg* durch den interessanten Aspekt des Ursprungs vegetarischer Ernährungsweise. Die Menschen waren ursprünglich nicht wie häufig angenommen Pflanzenesser, sondern Fleischesser. Allerdings waren sie in den vielen Jahrhunderten, in denen das Nahrungsangebot knapp war, sozusagen „notgedrungene Vegetarier", nicht aus Überzeugung, sondern wegen des Mangels an Fleisch. Die moderne vegetarische Bewegung kam erst im 19. Jahrhundert auf, und zwar von protestantischen Gruppen in England und den USA. Die Katholiken blieben von diesem Trend völlig unberührt. Auch handele es sich hier um eine norddeutsche Bewegung, Bayern habe zur damaligen Zeit keine Vegetarier gekannt.

Von verschiedenen Seiten wurde zur Beurteilung der von *Rottka* vorgestellten Vegetarierstudie angemerkt, daß hierbei zu berücksichtigen sei, daß es in den zwei untersuchten Gruppen (Vegetarier und „sich gesundernährende" Nicht-Vegetarier) Unterschiede im Körpergewicht, im Alkoholkonsum sowie im Rauchverhalten gab. Dieses allein könne Ursache dafür sein, daß sich zum einen verschiedene Parameter wie z. B. der Blutdruck bei den Vegetariern günstiger darstellt, zum anderen aber auch bestimmte Erkrankungen wie z. B. die Koronare Herzkrankheit in dieser Gruppe seltener auftreten. *Pudel* ergänzte, daß er die Vegetarierstudie als Nachweis dafür ansehe, daß man sich mit einer ovo-lacto vegetabilen Ernährung vollwertig ernähren könne. Diesen Ergebnissen könne man jedoch nicht entnehmen, daß eine fleischlose Ernährung gesünder sei als eine gemischte Kost. Auch rechtfertige diese Studie nicht, jemandem zu empfehlen, sich fleischlos zu ernähren.

Rottka ergänzte hierzu, daß sich die ernährungsmedizinisch kritische Betrachtung hauptsächlich auf Fleisch- und Wurstwaren bezieht, deren Fett- und Kochsalzgehalt häufig zu hoch liegt. Dieses gelte jedoch nicht für das Fleisch selbst, da es von Natur aus ein relativ mageres und kochsalzarmes Lebensmittel sei. Er schloß die Diskussion mit der Bemerkung, daß es bei der Frage Fleisch Ja oder Nein auch nicht um Alles oder Nichts gehe, sondern daß es auf einen maßvollen Verzehr von Fleisch und mageren Fleischwaren ankomme.

Während der Diskussion zum Referat von *Oster* zum Thema „Der Beitrag von Fleisch zur Spurenelementversorgung des Menschen" fügte *Kasper* an, daß die relativ schlechte Resorbierbarkeit des pflanzlichen Eisens im Gegensatz zum Hämeisen durch den Verzehr von Fleisch und Fisch positiv beeinflußt werden kann.

Anschließend an seinen Vortrag „Fleischverzehr aus mikrobiologischer und toxikologischer Sicht“ wurde *Hapke* gebeten, zum aktuellen Thema Rinderwahnsinn / BSE (Bovine Spongiforme Encephalopathie) und dem eventuellen Zusammenhang mit der Jakob-Creuzfeldt-Erkrankung Stellung zu nehmen. *Hapke* berichtete, daß er erst kürzlich auf einem Symposium mit Fachleuten über dieses Thema diskutiert habe und daß man sich einig sei, daß ein Zusammenhang zwischen BSE und der Jakob-Creuzfeldt-Erkrankung unwahrscheinlich, wenn nicht sogar sehr unwahrscheinlich sei. Es gebe jedoch in England Betriebe, in denen sowohl die Jakob-Creuzfeldt-Erkrankung beim Menschen wie auch gleichzeitig die BSE bei Rindern aufgetreten seien. Aufgrund dieser epidemiologischen Erhebungen könne man nicht sagen, daß eine Übertragung unmöglich wäre. Die in der Bundesrepublik aufgetretenen Fälle von Rinderwahnsinn seien nachweislich Tiere gewesen, die aus England importiert wurden. Bei den vielen Fällen in der Schweiz liege die Ursache darin, daß englisches Futtermehl von Scrapie-Schafen, also infiziertes Futter verwendet wurde. Abschließend betonte er, daß man, solange eine Übertragung nicht völlig ausgeschlossen werden könne, davon ausgehen müsse, daß sie möglich sei. Aus Gründen der Vorsorge müßte man sich dementsprechend verhalten.

Zu den Organochlorverbindungen ergänzte *Hapke*, daß diese Verbindungen wohl über dosisabhängige Mechanismen an der Krebsentstehung beteiligt sind (Promotoren).

Tierexperimente und Untersuchungen auf dem Gebiet der Arbeitsmedizin zeigen, daß aber erst Belastungen mit diesen Substanzen, die um das fünfhundert- und tausendfache höher sind als die Konzentrationen, denen die Normalbevölkerung ausgesetzt ist, eine höhere Inzidenz an Malignomen hervorrufen. Aufgrund dieser Ergebnisse sei der Schluß zu wagen, so *Hapke*, daß die tumorpromovierende Wirkung der Organochlorverbindungen bei der Normalbevölkerung keine Rolle spiele.

„Die ernährungsphysiologische Bedeutung des Fleisches“ war Vortragsthema von *Erbersdobler*, in dessen Diskussion *Weigand*, Mutlangen, die Frage stellte, inwieweit ein Bedarf an Fleisch hinsichtlich der Protein- bzw. Aminosäurenversorgung bestehe. *Erbersdobler* erklärte hierzu, daß die Bedarfszahlen an essentiellen Aminosäuren heute wesentlich niedriger seien als früher angenommen. Auch zeigen Untersuchungen an Vegetariern oder geschichtliche Erfahrungen, so sei z. B. der römische Soldat mit 1 kg Weizen / Tag wochenlang ausgekommen und habe sogar zahlreiche Schlachten gewonnen, daß Fleisch für die Proteinversorgung nicht unbedingt notwendig sei. Die Bedeutung des Fleisches hinsichtlich der Proteinversorgung stehe weit hinter der für die Spurenelement- und Vitaminversorgung zurück.

In der an den Vortrag von *Weisburger* zum Thema „Fleischkonsum, Karzinogenese und Herz- und Kreislauferkrankungen“ anschließenden Diskussion wies *Honikel* nochmals auf die bereits angesprochene Problematik der Zubereitungsart von Fleisch hin. Es sei besonders in epidemiologischen Untersuchungen wichtig, nicht nur die Art, Menge und Zusammensetzung des verzehrten Fleisches zu berücksichtigen, sondern auch die Zubereitung, die in einzelnen Ländern sehr unterschiedlich ist. *Weisburger* ergänzte hierzu, daß das Kreatinin, das an der Bildung von heterozyklischen Aminen, einer Stoffklasse mit mutagenen und genotoxischen Verbindungen, beteiligt ist, durch spezielle Zubereitungsarten entfernt werden kann. Dazu zählt zum einen das Kochen von Fleisch sowie die Zubereitung in der Mikrowelle. Verschiedene Untersuchungen haben des weiteren gezeigt, so *Weisburger*, daß diese heterozyklischen Amine durch die Zubereitung vor allem in der Fleischsoße und weniger im Fleisch selbst vorkommen.

Kasper berichtete von Untersuchungen, die zeigen, daß hohe Ammoniakkonzentrationen im Kolon, bedingt durch eine hohe Proteinzufuhr mit der Nahrung, einen karzinogenen Effekt haben. In Zellkulturen sei ebenfalls gezeigt worden, daß durch hohe Ammoniakkonzentrationen das Wachstum von Kolontumorzellen gesteigert werden kann. Auf die Frage, ob er diesen Untersuchungen Bedeutung schenke, antwortete *Weisburger*, er glaube nicht, daß Ammoniak einen karzinogenen Effekt habe, man könne ihm vielleicht eine tumorpromovierende Wirkung zusprechen. Ammoniak könne zudem bei einer gleichzeitig hohen Ballaststoffzufuhr im Kolon weitgehend durch die Darmbakterien gebunden werden.

Der Beitrag von *Quaas* „Bedeutung des Fleisches für die Ernährung der Schwangeren und

Stillenden" wurde vom Podium durch eine Empfehlung des Bundesgesundheitsamtes ergänzt, die beinhaltet, daß Schwangere auf einen übermäßigen Verzehr von Leber verzichten sollten. Hintergrund dieser Empfehlung waren Untersuchungen, die einen hohen Vitamin-A-Gehalt in einzelnen Leberproben ergaben. Die Ursache waren hohe Vitamin-A-Gehalte in den vewendeten Futtermitteln. Die Futtermittelzusammensetzung wurde daraufhin geändert, um ein mögliches Risiko künftig ausschließen zu können. Sicherheitshalber wurde aber die oben angegebene Empfehlung ausgesprochen, da Vitamin-A in Verdacht steht, in hohen Konzentrationen teratogene Wirkungen zu besitzen.

In seinem Schlußwort wies *Kasper* darauf hin, daß es grundsätzlich schwierig sei, wenn man sich bezüglich der ernährungsphysiologischen und -medizinischen Bedeutung auf ein Lebensmittel, in diesem Fall das Fleisch konzentriert und es sozusagen aus dem Gesamtverband der Ernährung herausnimmt. Aus wissenschaftlichen Gründen sei dieses jedoch im Rahmen solcher Diskussionen notwendig. Wichtig sei, daß sich letztlich die Empfehlungen für die Bevölkerung nicht auf einzelne Lebensmittel beschränken, sondern im Zusammenhang mit der gesamten Ernährung gesehen werden müssen, wobei hier auch bevölkerungsstrukturelle Gegebenheiten Berücksichtigung finden sollten.